# Türkisch kochen
# Türk Mutfağı

Umschau

# Türkisch kochen
# Türk Mutfağı

Ghillie Başan

mit Fotografien von Martin Brigdale

Umschau

Für Yasmin und Zeki (die wichtigsten kleinen Menschen in meiner Welt)
*Afiyet olsun!*

First published in Great Britain in 2006
by Aquamarine, a division of Anness Publishing Ltd, Blaby Road, Wigston, Leicestershire LE18 4SE 8HA



Übersetzung: Jutta Profijt, Mönchengladbach
Lektorat: Ilka Grunenberg, Neustadt/Weinstraße
Satz: posi.tiff, Gelnhausen
Umschlaggestaltung:
Kaisers Ideenreich, Neustadt/Weinstraße
Druck und Verarbeitung:
Finidr, s.r.o., Cesky Tesin

Printed in Czech Republic
ISBN: 978-3-86528-600-0

Für die englische Ausgabe
Herausgeber: Joanna Lorenz
Stylist: Helen Trent
Design: Green Tangerine
Fotografie: Martin Brigdale
Außer: Alamy: S. 8 o., S. 9 u., S. 11 u., S. 12 o., S. 14 o., S. 14 u., S. 17 o. l.;
Lucy Doncaster: S. 7 o., S. 10 u.; Robert Harding: S. 6 o., S. 7 u., S. 8 u.; Rob Highton: S. 6 u.

**Hinweis**

Die in diesem Buch angegebenen Löffelmaße beziehen sich auf gestrichene Standardlöffel, das heißt:

1 Esslöffel (EL) = 15 ml
1 Teelöffel (TL) = 5 ml

Soweit nicht anders angegeben werden in den Rezepten mittelgroße Eier verwendet.

Die Nährwertangaben der Rezepte beziehen sich jeweils, sofern nicht anders angegeben, auf eine Portion. Variieren die Portionsangaben (z. B. 4–6 Portionen), beziehen sich die Nährwertangaben auf die kleinere Portionsmenge, also ausgehend von 6 Portionen.

Die Ratschläge in diesem Buch sind von den Autoren und dem Verlag sorgfältig erwogen und geprüft, dennoch kann eine Garantie nicht übernommen werden. Eine Haftung der Autoren und des Verlages für Personen, Sach- und Vermögensschäden ist ausgeschlossen.
Soweit nicht anders angegeben, sind die Rezepte für 4 Personen ausgerichtet.

**Die wichtigsten türkischen Zutaten im Überblick**

*Beyaz peynir*
Weißer Käse aus Kuhmilch, ähnlich dem Feta.

*Çarliston*
Türkische grüne Spitzpaprika, s. a. S. 64.

*Kaşar peynir*
Harter, intensiv schmeckender Käse aus Schafsmilch.

*Kaymak*
Feste, fette Sahne aus Kuhoder Büffelmilch.

*Kırmızı biber*
Gewürz aus zerstoßenen getrockneten roten Chilischoten, s. a. S. 10.

*Mastika*
Harz der Akazie, verleiht z. B. Eiscreme die typische Konsistenz.

*Pastırma*
Gedörrtes Kalbsfilet in einer Hülle aus Gewürzen.

*Salep*
Gemahlene Wurzeln einer Orchideenart, zum Andicken von Milch verwendet.

*Sumak*
Gemahlene saure Beeren der Sumach- bzw. Anarkadiengewächse.

*Süzme*
Fester cremiger Joghurt, s. a. S. 46.

*Tahin*
Dicke ölige Paste aus gemahlenen Sesamsamen.

*Yufka*
Hauchdünne Teigplatten, alternativ kann Filo verwendet werden.

# Inhalt

# Althergebrachte Traditionen und moderne Küche

Die Türkei ist ein faszinierendes, geschichtsträchtiges Land voller Gegensätze mit beeindruckenden Moscheen, römischen Ruinen, farbenfrohen Märkten und rustikalen Dörfern in friedvollen Landschaften. Mit einem Fuß in Europa und dem anderen in Asien bildet die Türkei eine geografische und kulturelle Brücke zwischen den beiden Kontinenten. Das zeigt sich auch in der türkischen Küche.

*Die Süleymaniye-Moschee mit Blick über den Bosporus ist eine von Istanbuls markantesten Sehenswürdigkeiten.*

Innerhalb der Türkei werden die beiden Kontinente durch den Bosporus getrennt, jene Meerenge, die Istanbul, ehemalige Hauptstadt des osmanischen Reiches, teilt. Die Stadt ist auch heute noch das Handelszentrum des Landes. Anatolien, das asiatische Landesinnere, ist Kornkammer und Gemüsegarten des Landes. Von Schwarzem Meer, Mittelmeer, Marmarameer und Ägäis umschlossen, ist Anatolien außerdem mit Fischreichtum aus Salz- und Süßwasser gesegnet. Im Landesinnern sind die klimatischen Unterschiede gewaltig, mit kalten Wintern im Osten und heißen Sommern im Süden. Durch hohe Gebirgszüge geteilt, bieten die fruchtbaren Ebenen reiche Ernte an Obst und Gemüse und saftige Weiden für Rinder und Schafe.

### Kulinarische Einflüsse

Die Vorfahren der Türken trafen auf ihrem Weg vom zentralasiatischen Altai-Gebirge nach Anatolien auf unterschiedlichste kulinarische Traditionen, von denen einige auf tierischen Produkten wie Ziegenmilch, Pferdefleisch oder Wildbret basierten. In Anatolien trafen sie auf ein reiches Erbe, dessen Grundlage Bohnen, Weizen und Linsen bildeten – und Öl, das man aus Pflanzen gewann. Auch die Hethiter, Römer, Byzantiner, Araber, Mongolen und die Kreuzritter, die Anatolien durchquerten, bereicherten die Küche um weitere Zutaten und Zubereitungsarten.

Nach dem Tod des Propheten Mohammed im Jahr 632, hatte die Ausbreitung der islamischen Kultur im Nahen Osten einen bleibenden Einfluss auf die Türkei. Als das Goldene Zeitalter des Islam mit seiner Hauptstadt Bagdad erblühte, eroberten die Araber weite Gebiete, die sie mit ihren Religionsgesetzen in jedem Aspekt des täglichen Lebens stark beeinflussten. Im 11. Jahrhundert gewannen die Türken an Stärke und bildeten eine Kämpferaristokratie, die das Seldschuken-Reich in Konya errichtete. Die kulinarische Kultur dieser Zeit wurde durch die

*Mit einem Fuß in Europa und dem anderen in Asien bildet die Türkei eine geografische und kulturelle Brücke zwischen den beiden Kontinenten.*

raffinierte persische Küche beeinflusst, über die der Poet und Mystiker Mevlana Celaleddin Rumi berichtet, dass sie reich an Gemüse wie Lauch, Spinat und Steckrüben war und Pilaws und Kebabs kannte, die heute noch zubereitet werden. Bereits zu jener Zeit erkannten die Türken die Wichtigkeit einer gesunden Ernährung und entwickelten ein System der Ausgewogenheit zwischen wärmenden und kühlenden Eigenschaften der Lebensmittel, basierend auf den alten chinesischen Prinzipien von Yin und Yang.

## Die Palastküche

Den größten Einfluss auf die türkische Küche hatte das osmanische Reich, das im 14. Jahrhundert gegründet wurde. Nachdem Konstantinopel, das heutige Istanbul, von Mehmet II. 1453 erobert worden war, wurde der Topkapi-Palast das Zentrum des Reiches und der kulinarischen Entwicklung. Mehmet II. war ein Gourmet mit einer Vorliebe für üppige Festgelage, die von sorgfältig ausgewählten Köchen zubereitet wurden. Während seiner Herrschaft (1451–1481) beschäftigte die Küche eine ganze Armee an Spezialitätenköchen wie den *börekçi* für salziges Gebäck oder den *baklavacı* für süßes Gebäck. Die Vielzahl der kreativen Gerichte, die damals entstand, ist unter dem Begriff „Palastküche" bekannt.

Mit der Expansion des osmanischen Reiches über sechs Jahrhunderte hinweg übernahm die Küche Rezepte vom Balkan, aus der Mittelmeerregion, aus Nordafrika und der arabischen Welt. Unter der Herrschaft Süleymans des Großen (1520–1566) erreichte die Palastküche ungeahnte Höhen und schuf Gerichte mit Namen wie „Jungmädchenbrüste" oder „Frauenschenkel", heute noch Teil der Istanbuler Küche. Kochen war eine Kunstform und Essen ein Genuss. Dieses Vermächtnis ist die Grundlage der türkischen Küche.

Im 16. und 17. Jahrhundert überredeten die Osmanen die Spanier, damals das westliche Gegenstück der führenden Nation des Ostens, den Rückweg aus der Neuen Welt über Nordafrika zu wählen. Neue Zutaten wie Chili, Tomaten und Mais kamen so nach Konstantinopel. Sie wurden schnell in die Palastküche integriert, eroberten von dort aus das gesamte Reich und beeinflussten besonders die Mittelmeerküche.

Als das Osmanische Reich mit dem Ende des Ersten Weltkriegs zusammenbrach, blieb der kulinarische Einfluss westlich von Konstantinopel unübersehbar. Im Herzen Anatoliens allerdings, nie wirklich Teil des Reiches, überlebten die einfachen lokalen Gerichte.

*Farbenprächtige Obst- und Gemüsemärkte finden sich überall in der Türkei.*

## Eine Küche voller Unterschiede

Die moderne türkische Küche, die auf anatolischen Traditionen und osmanischer Raffinesse gleichermaßen basiert, ist also sehr unterschiedlich. Die Türken sind Bewahrer einfacher Traditionen und kreative Erfinder neuer Gerichte. Im Grunde ist es das, was die türkische Küche ausmacht – immer in Bewegung, ohne die althergebrachten Traditionen zu vernachlässigen.

*Ein Ziegenhirte mit seiner Herde am Fuße des Bergs Ararat.*

*Lokum auf dem Markt in der Altstadt von Istanbul. Diese Süßigkeit auf der Basis von gelierter Stärke und Zucker ist sehr beliebt.*

# Türkische Vielfalt

Wo auch immer Sie in der Türkei sind, gibt es etwas zu essen. Brotringe mit Sesamkörnern, frittierte Muscheln in Knoblauchsauce, Gebäck in Sirup, himmlischen Milchpudding und zartschmelzende Eiscreme, Gemüse, das auf jede erdenkliche Art gefüllt, gebacken oder gegrillt wird, ganze, gegrillte Fische, die zwischen zwei Scheiben Brot gegessen werden, pikante Gewürze, die Ihren Gaumen zum Prickeln bringen, frische Kräuter, die wie Blumensträuße verkauft werden, rubinrote Granatäpfel und reife Pfirsiche, deren Saft das Kinn hinuntertropft … Die türkische Küche ist nicht von dieser Welt!

Die Türken sind Meister darin, die drei wichtigsten Dinge im Leben zu kombinieren: Essen, Familie und Freunde. Gastfreundschaft ist eine Selbstverständlichkeit und wenn Freunde, Verwandte oder Fremde ein türkisches Heim besuchen, wird alles geteilt. Zu essen gibt es immer etwas, denn die Türken lieben gutes Essen – den Geschmack, den Duft, die Leidenschaft und die Freude daran.

Traditionelle kulinarische Bräuche spielen vor allem in Anatolien noch immer eine große Rolle. Ursprünglich wurde an großen, niedrigen Tischen gegessen, um die die Familie auf Kissen saß. Das Essen wurde in großen Schalen oder Kupferschüsseln auf den Tisch gestellt und alle aßen daraus. In reichen Familien begann das Essen meist mit einer Suppe, der herzhaftes Gebäck oder ein Reisgericht und dann Gemüse folgte. In ärmeren Haushalten gab es oft nur einen Gang. In Anatolien wird heute noch so gegessen, aber in modernen, städtischen Wohnungen sehen die Esszimmer aus wie überall in Europa.

### Etikette

In traditionellen türkischen Haushalten gibt es verschiedene Etiketteregeln während des Essens zu beachten. Die Hände werden vor und nach dem Essen gewaschen, ebenfalls vorher und nachher wird gebetet. Mit zwei Händen bricht man das Brot, aber nur mit drei Fingern wird das Essen zum Mund geführt. Husten, Schnäuzen oder das Benutzen von Zahnstochern ist nur bei

*Typische Einrichtung in einem osmanischen Haus mit niedrigem Tisch für traditionelle Gerichte.*

abgewandtem Gesicht mit der Hand vor dem Mund erlaubt. Vor und nach dem Essen nimmt man eine Prise Salz, um Gott für die Mahlzeit zu danken. Dem Koch oder der Köchin macht man ein Kompliment mit den Worten *elinize sağlık*. Das bedeutet: Mögen deine Hände gesund bleiben. Damit bringt man zum Ausdruck, dass nur sehr begabte Hände solch ein herrliches Essen zubereiten können und man wünscht dem Koch, dass dies noch lange so bleiben möge.

## Religiöse Feste und Familienfeiern

Die meisten sozialen und religiösen Feiern wären undenkbar ohne das gemeinsame Essen und Trinken. Eines der wichtigsten religiösen Festessen ist das *Ramazan Bayramı*, ein dreitägiges Fest zum Ende des Fastenmonats Ramadan, in dem jeder gläubige Moslem zwischen Sonnenauf- und Sonnenuntergang weder isst noch trinkt. Die typischen Mahlzeiten des *Ramadan* sind leichte Suppen, saisonale Gemüse in Olivenöl gegart, gefüllte Weinblätter und Paprikaschoten, Fleischeintöpfe und Fladenbrote wie *pide* oder *güllaç* (papierdünne Teigblätter in milchigem Rosenwassersirup getränkt). Zusätzlich zu den herzhaften Speisen, die an *Ramazan Bayramı* verzehrt werden, bietet man den Gästen, dem Gastgeber und Freunden eine Vielzahl süßer Gebäckstücke wie *baklava*, *kadayif* und *helva* sowie andere Süßwaren an. Kein Wunder, dass der volkstümliche Name der Feier zum Fastenbrechen *Şeker Bayramı* ist: Zuckerfest.

*Kurban Bayramı*, ein Fest zu Ehren des Beinahe-Opfers Isaac, wird mit der rituellen Opferung eines Schafbocks begangen. Das Fleisch des Schafes wird als Kuttelsuppe, im Eintopf oder als Kebab zubereitet, die Leber kommt in ein Pilaw. Alles wird verwendet, von dem Fleisch gibt man den Armen.

*Muharram*, der erste Monat des islamischen Kalenders, wird ab dem zehnten Tag mit *aşure* gefeiert, einem Pudding aus Obst und Getreide, den man mit Freunden und Nachbarn teilt.

An vier Festtagen namens *kandil* sind die Süßigkeiten Trumpf: *lokum*, Gebäck in Zuckersirup, *baklava*, *helva* und andere.

In manchen Teilen der Türkei wird das Frühlingsfest *Hıdrellez* mit Picknickgerichten wie gefüllten Weinblättern, *köfte* und Pilaws mit Fleischstücken gefeiert. Der Reispudding mit Safran, *zerde*, wird zusammen mit *helva* und *baklava* an Hochzeiten serviert, denn man sagt: „Wer Süßes isst, bekommt ein süßes Leben." Ein rotes Getränk, *lohusa şerbeti*, wird zur Geburt eines Kindes getrunken und süßes Gebäck sowie *helva* gehören zu Beschneidungen ebenso wie zu Beerdigungen und Geburten. Selbst Besuche im *hamam*, dem öffentlichen türkischen Bad, werden in der Küche vorbereitet, da die Frauen und Kinder sich treffen, um neben dem Bad auch ein Picknick zu genießen.

*Süßes Gebäck wie* baklava *wird zu Hochzeiten, Beerdigungen, Beschneidungen und religiösen Feiertagen serviert.*

*In der Südwesttürkei leben noch viele Familien vom Mandelanbau. Mandeln sind eine beliebte Zutat in süßen Gerichten wie* sütlü nuriye *– einem sirupgetränkten Gebäck, gefüllt mit gemahlenen Mandeln.*

# Die traditionelle Küche

*Kırmızı biber* aus Gaziantep, leuchtend grüne Oliven aus Bodrum, getrocknete Aprikosen aus Kappadokien, Sardellenpilaw aus Trabzon, scharfe Kebabs aus Adana, halluzinogener Honig aus Kars, cremiger Milchpudding und sirupsüßes Gebäck – all das ist der Geschmack der türkischen Küche.

*Gewürze werden auf dem Markt gekauft und in großer Menge verwendet.*

Der Lebensmitteleinkauf auf türkischen Märkten ist ein Genuss und das Feilschen gehört dazu. Obst, Gemüse, Kräuter und Gewürze kauft man auf dem Markt, ebenso Nüsse, Trockenfrüchte, Oliven, sauer eingelegtes Gemüse, Käse und Joghurt. Fisch kauft man auf dem Fischmarkt, Fleisch meist beim Fleischer. Pudding wird im Puddinggeschäft gekauft, Gebäck im Gebäckladen und Brot beim Bäcker. Außerhalb der Türkei sind Zutaten in türkischen Lebensmittelläden oder in Geschäften mit Lebensmitteln aus dem Mittelmeerraum erhältlich.

*Dank der langen Küstenlinie mangelt es in der Türkei nicht an Fisch.*

## Yin and Yang

Zur Zeit des seldschukischen Reiches erreichte die chinesische Theorie von Yin und Yang die türkische Küche. Seitdem entwickelte sich die Kunst der Ausgewogenheit wärmender und kühlender Lebensmittel. Wärmende Gewürze wie Kreuzkümmel, Zimt, Piment, Nelken und *kırmızı biber* stimulieren sowohl Appetit als auch Verdauung, während großzügige Mengen an frischen Kräutern, besonders Minze, Dill und glattblättrige Petersilie, als wärmende Beigabe zu kühlenden Speisen und Salaten genommen werden. Pikanter Knoblauch, der im östlichen und südlichen Anatolien in großzügigen Mengen, in der osmanischen Küche aber nur sparsam verwendet wird, gilt als kreislauffördernd.

## Kırmızı biber

*Kırmızı bibe*r besteht aus einer Chiliart, die aus der Neuen Welt in die Türkei kam. Sie wird seit Jahrhunderten in der Türkei angebaut und ist als Gewürz eine Klasse für sich. Die Verwendung und Stärke variiert von Region zu Region und wird in der südtürkischen *güney*-Küche besonders großzügig eingesetzt. *Kırmızı biber* ist das türkische Nationalgewürz, kommt aber in so vielen unterschiedlichen Formen und Schärfen daher, dass die Türken selbst verwirrt sind. Die roten Chilischoten hängen frisch oder getrocknet auf den Märkten, werden aber auch grob gehackt, zerstoßen oder als Flocken oder Pulver verkauft. Auch die Farbpalette reicht von Zinnoberrot zu dunklem Blutrot oder gar schwarz, wenn geröstet. Die beste Qualität wird in Öl verkauft, sodass sich das Aroma auch in ungekochten Gerichten direkt entfalten kann. Sehr fein gemahlener *pul biber* ist die schärfste Variante und sollte sehr sparsam verwendet werden. In den Rezepten können Paprika oder Chili alternativ verwendet werden, aber mit dem Original sind sie nicht zu vergleichen.

**Oliven**

Die Türken genießen Oliven den ganzen Tag, oft schon eine Handvoll zum Frühstück mit einer Scheibe *beyaz penir*, dem allgegenwärtigen weißen Käse. Auf dem Markt gibt es ein paar während des Feilschens, dann ein Tellerchen marinierte Oliven als Zwischenmahlzeit oder *meze* zur Mittagszeit und zum Abendessen noch mal ein paar. Im ganzen Land werden Oliven angebaut, die Vielfalt reicht von violetten über rote, grüne, braune bis zu schwarzen Früchten. Nach der Ernte werden junge schwarze Oliven eine Woche in Salz gelegt, bis die Haut runzlig und das Fleisch zart ist. Abgespült und in Olivenöl aufbewahrt sind diese genau richtig zum Frühstück oder als Snack, während die Oliven für *meze* mit Zitronensaft beträufelt werden, um ihr Aroma zu unterstreichen. Olivensteine dienen, gesäubert und sanft poliert, auf eine Schnur gezogen als Gebetskette – *tespih*.

*Oliven und* kırmızı biber *sind zwei der beliebtesten Zutaten der türkischen Küche.*

**Öl**

In der Türkei gepresste Oliven- und Sonnenblumenöle werden gerne zum Kochen verwendet, sowohl jedes für sich als auch häufig zusammen. Olivenöl nimmt man, wenn das Öl das Aroma des Gerichtes bereichern soll, wie in den Gemüsegerichten der Palastküche, in Eintöpfen oder Salat. In einigen Teilen Anatoliens wird auch geklärte Butter oder reines Butterfett (Ghee) für Fleisch- oder Reisgerichte verwendet, während die Türken und Kurden aus dem Osten das leicht ranzige Aroma von *kuyrukyağı* (Fett aus dem Bürzel des Schafs) mögen.

*Frauen sortieren die Oliven nach der Ernte. Olivenbäume sind sehr genügsam und wachsen auf mageren Böden und unter verschiedenen klimatischen Bedingungen. Zur Ernte werden die Bäume geschüttelt, sodass die Oliven auf darunter ausgelegte Tücher fallen.*

Ein Käsestand auf einem Wochenmarkt mit verschiedenen Sorten Kuh- und Schafskäse.

## Käse

Käsesorten gibt es in großer Zahl, die Milch stammt von Kühen oder Schafen.

Die wichtigste Sorte *beyaz peynir* ist recht fest und wird in Blöcken verkauft. Die Lagerung in Salzlake führt zu unterschiedlichem Salzgehalt, daher wird der Käse vor dem Verzehr gewässert.

Besonders beliebt ist er zum Frühstück mit Oliven, Brot und Konfitüre oder in Salat und herzhaftem Gebäck. Ganz für sich allein mit Öl, Oregano und *kırmızı biber* bestreut ist *beyaz peynir* eine beliebte *meze*. Ist er nicht zu bekommen, so ist Feta eine gute Alternative.

Weicher und cremiger ist *köy peyniri*, ein „Dorfkäse", der wöchentlich frisch hergestellt wird. Die regionalen Varianten sind auf Märkten sehr beliebt. Härter und schärfer im Geschmack ist *kaşar peyniri*, der sich zum Überbacken eignet und *dil peyniri*, ein milder Käse, der mit Pickles genossen wird.

Käse wird zum Frühstück oder als *meze* verzehrt und zum Kochen verwendet.

## Joghurt

Die Türken gehören weltweit zu den größten Konsumenten von *yoğurt*, den sie am liebsten vollfett und aus Schafsmilch mögen. Ursprünglich ein Grundnahrungsmittel ihrer zentralasiatischen Vorfahren ist Joghurt bei den Türken heute so beliebt, dass sie ihn in süßen und salzigen Speisen verzehren. Als kleiner Imbiss wird der dicke cremige Joghurt gern mit Zucker überpudert oder mit bernsteinfarbenem Honig beträufelt. Zu Kebab oder Gemüsegerichten wird ein Klacks Joghurt serviert, mit geriebenem Gemüse gemischt wird er zum Dip. Gebratenes oder frittiertes Gemüse oder gekochte Eier werden mit einer Joghurtsauce mit Knoblauch und Zitronensaft serviert. Zur täglichen Mahlzeit gehört immer etwas *cacık* (gewürfelte Gurke, Joghurt, Knoblauch und Minze oder Dill), das ebenfalls als Vorspeise oder Beilage zu herzhaftem Gebäck oder Kebabs gereicht wird. Auch in *haydari*, einem cremigen Joghurtdip mit Knoblauch und Minze, und *ayran*, dem türkischen Nationalgetränk, das den Mund nach scharfem Essen kühlt, ist Joghurt allgegenwärtig und liefert leicht verdauliches Calcium, Vitamine sowie Mineralien und hat eine antibiotische Wirkung.

Der einfache Joghurt *sıvı tas* ist leicht und cremig, während *süzme*, der für einige Dips und Pudding verwendet

### Ayran

Wenn Sie dieses Getränk an einem sehr heißen Tag zubereiten, geben Sie etwas mehr Salz und einige Eiswürfel hinzu.

**ZUTATEN**

**300 ml dicker cremiger Joghurt**
**1 Prise Salz**
**getrocknete Minze**

**ERGIBT 2 PORTIONEN**

**1** Den Joghurt mit 300 ml kaltem Wasser aufschlagen, bis er schaumig ist. Salz nach Geschmack hinzugeben.

**2** Das Getränk in Gläser gießen, etwas Minze darüberstreuen und sofort servieren.

*Joghurt wird zu fast allem serviert. Die Türken lieben ihn dick und cremig.*

*Eine Pyramide aus Gläsern mit Pickles im Fenster eines kleinen Ladens.*

wird, sechs Stunden in einem Käseleinen entwässert wird. Dabei wird er so fest, dass ein Löffel darin stehen bleibt. Am besten schmeckt natürlich der Joghurt aus dem türkischen Supermarkt, ein dicker cremiger Vollmilchjoghurt ist für die Rezepte in diesem Buch aber ebenso geeignet.

## Pickles

Türkische Pickles sind eine Klasse für sich und mit dem schlicht in Essig eingelegten Gemüse, das wir kennen, nicht zu vergleichen. In spezialisierten Geschäften stapeln sich die Gläser in einem Kaleidoskop an prächtigen Farben und locken Kundschaft an. Pickles kauft man dort kiloweise, an heißen Tagen gönnt man sich ein Glas des Suds *turşu suyu.* Im Herbst biegen sich die Marktstände unter Steinsalz, Knoblauch und Sellerie, den Hauptzutaten, sowie kleinen, unreifen Früchten und Gemüse, deren Säure dem Fermentationsprozess dienlich ist. So bleiben die Früchte bissfest, wie die Türken sie lieben. Heute werden Pickles mit Salzlake und Weinessig eingelegt, früher machte man sie mit Grapefruitsaft ein, der während der Fermentation zu Essig wurde. Etwas Hefe, die durch einige Kichererbsen oder Senfsamen oder sogar durch ein in Musselin eingeschlagenes Stück altes Brot hinzugegeben wird, verbessert die Fermentation.

*Patlıcan turşusu*, eingelegte gefüllte Aubergine, wird seit dem 15. Jahrhundert unverändert zubereitet und gehört zu den Köstlichkeiten der *meze*. Auch weiße oder rote Kohlblätter, grüne Tomaten, Steckrüben mit Rote Bete, lange, grüne Chili ebenso wie die kleinen, feurigen Vertreter, ganze Knoblauchzehen und unreife Aprikosen, Melonen oder Birnen gehören zu den traditionellen Pickles, oft mit unreifen grünen Mandeln verfeinert.

Ihre selbst gemachten Pickles lagern Sie am besten in Gläsern oder Steingutkrügen und prüfen während des Fermentationsprozesses gelegentlich, ob der Essig noch sauer ist.

### Armut turşusu

Die meisten türkischen Pickles sind sauer oder scharf, aber es gibt einige süß-saure Varianten, die köstlich zu gebratenem oder gegrilltem Fleisch und Käse schmecken. Dieses Rezept für Birnen mit Safran, Honig und Gewürzen ist in den landwirtschaftlichen Regionen um Bursa sehr beliebt, wo die Obstgärten mehrere Ernten pro Jahr erlauben.

**ZUTATEN**

**400 ml Weißwein- oder Apfelessig**

**175 g aromatischer Honig (Rosmarin-, Lavendel- oder Pinienhonig)**

**2 Zimtstangen**

**8 Pimentkörner**

**einige Safranfäden**

**4 feste Birnen, längs halbiert, mit intakten Stängeln oder 8 kleine Birnen, ganz**

**ERGIBT 4 PORTIONEN**

**1** Den Essig mit 120 ml Wasser, Honig, Zimt, Piment und Safran unter ständigem Rühren aufkochen, bis der Honig gelöst ist. Die Birnen zufügen und bei mittlerer Hitze 15–20 Minuten köcheln lassen. Sie sollen zart aber noch fest sein.

**2** Die Birnen aus dem Sud nehmen und in ein sterilisiertes Glas füllen, mit dem heißen Sud übergießen. Abkühlen lassen und an einem kühlen Ort oder im Kühlschrank lagern. Gekühlt oder bei Zimmertemperatur servieren.

## Brot

Brot ist die Nahrung der Freundschaft und wird täglich frisch beim Bäcker gekauft. Es wird gebrochen und mit allen am Tisch geteilt. Altes Brot wird niemals weggeworfen, sondern für Suppen, *köfte* oder Nuss-*tarator* verwendet, mit Sirup getränkt und mit gedünstetem Obst zu Pudding verarbeitet. Neben dem Frühstück mit Käse und Konfitüre gehört das Brot zu jeder Mahlzeit dazu und sei es nur, um die köstlichen Saucen damit aufzunehmen. Muss etwa verdorbenes Brot doch einmal weggeworfen werden, wird es vorher als Zeichen des Respekts geküsst und zur Stirn geführt.

In der Türkei sind gesäuerte und ungesäuerte Brote gleichermaßen beliebt. Der normale Laib mit knuspriger Kruste, der in jeder Stadt und jedem Dorf gebacken wird, ähnelt geschmacklich dem Baguette, ist aber kürzer und dicker in der Form. Es gibt sogar Roggen- und Vollkornspezialitäten und natürlich die Sesamringe *simit*, die von Straßenhändlern auf langen Stangen oder großen Tabletts feilgeboten werden. Die wichtigsten Brote sind die papierdünnen *yufka*-Blätter und die weiche *pide*. Der örtliche *yufkacı* genießt ein hohes Ansehen. Die täglich frisch gebackenen Blätter werden mit herzhaften Füllungen zu köstlichem Gebäck oder finden ähnlich Lasagneplatten Verwendung. Wer *yufka* nicht erhält, kann alternativ Filoteig nutzen. *Pide* gibt es in der Türkei beim örtlichen Bäcker in vielen Variationen, wie die süße *helva pide* oder die *Ramazan pide* mit Sesam. Als Alternative können Sie jedes erhältliche Fladenbrot oder griechiches Pitta-Brot verwenden, aber wenn Sie Zeit haben, machen Sie Ihre *pide* frisch – es lohnt sich.

Eine Frau rollt Brotteig nach alter Tradition.

## Weitere wichtige Zutaten

- Pinienkerne, Mandeln und Pistazien bereichern viele herzhafte und süße Gerichte, während bei *baklava* und *tarator* die Walnuss als Königin der Nüsse die Hauptrolle spielt.
- Sesamsamen werden über Brot, Kuchen und Brötchen gestreut oder zu einer dicken Paste namens *tahin* vermahlen.

*Ein Bienenzüchter bei der Honigernte in einem Pinienwald nahe Akyaka im Südwesten der Türkei.*

- Korinthen bereichern herzhafte Füllungen, Eintöpfe und *köfte* mit einer süßen Note.
- Safran gibt zeremoniellem Pudding Farbe und Aroma.
- *Sumak* heißen tiefrote, gemahlene saure Beeren, die über Salate, herzhafte Snacks und Fisch gestreut werden.
- Rosenwasser verfeinert süßen Sirup und Milchpudding mit blumiger Note.
- Weinblätter werden gefüllt oder geschichtet, verkauft werden sie frisch, getrocknet oder in Lake.
- Vanillestangen und -extrakt verfeinern köstlichen Milchpudding.
- *Mastika*, ein aromatisches Harz, gibt Eiscreme, Pudding oder *rakı* den zarten Schmelz.
- Honig soll das Leben versüßen und die Traurigkeit in Schach halten. Der feurige *deli bal* aus Kars hat eine leicht halluzinogene Wirkung.

## Pide

Diese schmackhafte *pide* kann zu jedem herzhaften Gericht dieses Buches genossen werden. Frisch aus dem Ofen und mit Honig beträufelt ist sie eine Köstlichkeit.

**ZUTATEN**

**15 g frische Hefe oder 7 g Trockenhefe**

**1/2 TL Zucker**

**450 g Weizenmehl (Type 405 oder 550)**

**1 TL Salz**

**150 ml lauwarmes Wasser**

**2 EL Olivenöl, zzgl. einige Tropfen**

**2 EL Joghurt**

**1 Ei**

**1 EL Schwarzkümmel- oder Sesamsamen**

**ERGIBT 2 KLEINE ODER 1 GROSSE PIDE**

**1** Die Hefe mit dem Zucker und 2–3 EL lauwarmem Wasser mischen und 15 Minuten stehen lassen, bis sie schaumig ist.

**2** Mehl und Salz in eine Schüssel sieben, eine Mulde in die Mitte drücken und die Hefemischung mit dem Öl, Joghurt und dem restlichen Wasser hineingeben. Von außen nach innen alles zu einem geschmeidigen Teig verkneten, der sich von der Schüssel löst.

**3** Den Teig auf einer leicht bemehlten Fläche einige Minuten kräftig durchkneten. Eine Teigkugel formen, mit ein paar Tropfen Öl einreiben und in eine Schüssel legen. Mit einem feuchten Tuch abdecken und einige Stunden oder über Nacht gehen lassen, bis der Teig die doppelte Größe hat.

**4** Den Ofen auf 220 °C, Gas Stufe 7, vorheizen. Die Luft aus dem Teig herauskneten. Ein Backblech leicht einfetten und 2 Minuten im heißen Ofen vorwärmen.

**5** Den Teig auf einer bemehlten Fläche mit der Hand flach drücken, dann von innen nach außen ziehen, sodass ein dicker Rand entsteht. Den Teig mit den Fingerspitzen eindrücken und auf das Backblech legen. Mit dem verquirlten Ei bestreichen und den Samen bestreuen.

**6** Das Brot ca. 20 Minuten backen, bis die Oberfläche goldbraun und knusprig ist. Auf einem Gitter abkühlen lassen, aber noch warm servieren.

## Küchenutensilien

Traditionelle türkische Küchenutensilien sind eindrucksvoll und haben es heute bis in die Museen im ganzen Land geschafft. Gemeinschaftsessen wurde in großen Kesseln gekocht, die je nach Region unterschiedlich aussahen. Löffel sind von größter Wichtigkeit, wovon Sprichworte wie „Das Schicksal erscheint in deinem Löffel" zeugen. Löffel wurden aus Holz geschnitzt oder aus Schildkrötenpanzern, manche aus Silber, Gold oder Perlmutt hergestellt, einige sogar mit Edelsteinen besetzt. Küchenchefs in den Palastküchen benötigten ausgefallene Utensilien, um akkurat Temperaturen und Garzeiten für Milchpudding, *helva*, süßes Konfekt oder *lokum* zu befolgen. Aber in den einfachen Haushalten sind die Küchen schlicht ausgestattet und Handarbeit und Fingerfertigkeit sind wichtiger als ausgefallenes Werkzeug. Im ländlichen Anatolien finden sich neben dem häuslichen Herd oder Ofen hölzerne Löffel, schwere Pfannen, ein kupferner Joghurtkrug mit Leinen ausgelegt sowie Mörser und Stößel.

In vielen Dörfern wird noch der *fırın*, der Gemeinschaftsofen, zum Backen genutzt, während Stadtbewohner Brot und Gebäck beim Bäcker kaufen.

Zu Festen wird oft ein ganzes Schwein oder Schaf in einer dafür angelegten Grube gebraten oder Fleischstücke werden auf dem *mangal* gegrillt, einem tragbaren Holzkohlegrill, der auf dem Balkon, im Garten, am Strand oder beim Picknick nicht fehlen darf.

*Fisch wird gern auf dem* mangal *gegrillt, einem tragbaren Holzkohlegrill, den man zum Picknick mitnimmt.*

# Traditionelle Getränke

Tee ist das beliebteste Getränk in der Türkei und wird das ganze Jahr und den ganzen Tag über getrunken – es ist das unumstrittene Nationalgetränk. Kaffee ist teurer und seine Zubereitung eine Kunstform, die ernst genommen wird. Alkohol ist den Moslems verboten, aber viele Türken trinken einheimischen *rakı*, Wein und Bier.

*Şerbet* ist ein kühlendes Sommergetränk aus Fruchtsirup oder Sirup von Rosenblüten, Orangenblüten, Honig, Mandeln oder Tamarinde. Im Winter hat das wärmende *Boza* Konjunktur, das aus fermentiertem Bulgur (Weizengrieß) hergestellt und mit Zimt serviert wird. Gläser mit der blassgelben Flüssigkeit zieren die Fenster der Puddinggeschäfte und Straßenhändler verkaufen *Boza* aus großen Kupferkannen, die sie auf Wägelchen durch die Straßen ziehen. Auch *salep*, ein Getränk aus gemahlenen Orchideenwurzeln, ist im Winter beliebt. Es ist dickflüssig, milchig und süß und daher, zusätzlich mit etwas Zimt bestreut, wärmend und nahrhaft.

## Alkohol

Vor der Islamisierung waren alkoholische Getränke wie Bier, Wein und fermentierte Stutenmilch, *kımız*, in der Türkei sehr beliebt. Die Sammelbezeichnung lautete *çakır*. *Çakırkeyif* bedeutet auch heute noch „beschwipst". Mit der Konvertierung zum Islam wurde Alkohol verboten und viele Muslime halten sich gewissenhaft daran. Trotzdem gibt es Türken, die Alkohol trinken. Wein und Bier werden im Land hergestellt, aber das Spitzenprodukt ist der *rakı*, der bei Zugabe von Wasser trüb wird – daher sein Name: Löwenmilch.

## Tee

*Çay*, der schwarze, türkische Tee, ist allgegenwärtig. Es gibt Teehäuser in jeder Stadt, in jedem Dorf, in Häfen, an Bahnhöfen und in direkter Nachbarschaft von Bürohäusern. Der Anblick von Jungen und Männern, die Tabletts voller *çay*-Gläser durch die Straßen tragen, ist alltäglich. Passanten trinken ihn, Freunde, die sich auf der Straße treffen und Büroangestellte ebenso. Beim Warten in der Bank, in Geschäften und am Marktstand bekommen die Kunden Tee angeboten ebenso wie bei jeder Art von Zusammenkunft und in Privathäusern als Willkommenstrunk. *Çay* ist ein Ausdruck von Gastfreundschaft, ihn abzulehnen gilt als unhöflich.

Immer wird der Tee in tulpenförmigen Gläsern angeboten, ein Vermächtnis von Sultan Ahmet III. (1703–1730), der die Darstellung von Tulpen auf Kacheln und Kunstgegenständen förderte. Das ursprüngliche Teegeschirr war aus Kupfer, heute ist es aus Zinn oder Aluminium und besteht aus einer kleinen Kanne, die den Tee enthält und auf einer größeren Kanne mit heißem Wasser steht. Der Tee kommt meist von der Schwarzmeerküste und wird sehr stark zubereitet. Er wird mit Würfelzucker serviert, den man entweder einrührt oder auf die Zunge legt, während man den Tee hindurchschlürft. Niemals trinken Türken ihren Tee mit Milch.

*Das Teetrinken aus tulpenförmigen Gläsern ist eine wundervolle Art, Gäste willkommen zu heißen.*

## Kaffee

Kaffee ist das Getränk mit dem höheren Preis und dem höheren Ansehen. Die erste Tasse *kahve* wird zu Tagesbeginn genossen, eine zweite gegen Mittag und vielleicht eine dritte nach einer üppigen Mahlzeit. Ob des höheren Preises ist Kaffee nicht alltäglich. Daher kommt auch der Brauch in einigen

Türkische Männer verbringen viele Stunden in Teehäusern, wo sie unzählige Tassen Tee trinken und Backgammon oder Domino spielen.

anatolischen Gemeinden, die Braut nicht nur nach ihrer Schönheit auszuwählen, sondern ebenfalls nach der Qualität des von ihr zubereiteten Kaffees. Die Wahl trifft der zukünftige Bräutigam zusammen mit seiner Mutter.

Türkischer Kaffee wird traditionell in einem Gefäß namens *cezve* gekocht, einem hohen Kupfertopf mit langem Stiel. Nicht allzu stark geröstete Arabica-Bohnen werden pudrig fein gemahlen und der Kaffee entweder *sade* (ungesüßt), *orta şekerli* (leicht gesüßt) oder *şekerli* (süß) getrunken.

Kaffee wird meist in kleinen Tässchen serviert. Die Türken lieben ihn sehr süß und ohne Milch.

**Die Kunst des Türkischen Kaffees**

- Eine kleine Tasse Wasser, 1 TL Kaffeepulver und 1 TL Zucker ergibt einen mittelsüßen Kaffee.

- Das Wasser in den Topf geben, das Kaffeepulver und den Zucker zugeben und schnell die Oberfläche der Flüssigkeit umrühren, sodass etwas Schaum entsteht.

- Den Topf bei mittlerer Hitze auf den Herd stellen und weiter umrühren, ohne dabei den Boden des Topfes zu berühren, denn so gelingt der feine Schaum am besten.

- Sobald der Kaffee heiß ist, ein Drittel in die Tasse gießen, den Topf wieder auf den Herd stellen und weiterrühren. Darauf achten, den Schaum mit dem Löffel immer in der Mitte zu sammeln. Nach einigen Sekunden, wenn der Kaffee zu sprudeln beginnt, den Topf vom Herd nehmen und den Rest Kaffee in die Tasse gießen.

- Den Kaffee eine Minute stehen lassen, damit sich das Kaffeemehl absetzen kann, und heiß trinken.

Rakı *ist das beliebteste alkoholische Getränk. Die klare Flüssigkeit wird durch die Zugabe von Wasser milchig.*

# *MEZE* UND SALATE

Tomaten-Paprika-Dip
*Taze ezmesi*

Sesamdip
*Tahin tarama*

Geräucherte Aubergine mit Joghurt
*Patlıcan ezmesi*

Bulgur-Tomaten-Salat
*Kısır*

Karottenpüree mit Joghurt
*Havuç ezmesi*

Scharfer Auberginen-Paprika-Dip
*Acvar*

Scharfer Walnussdip
*Muhammara*

Gebackenes Kichererbsenpüree mit Zitrone und Pinienkernen
*Sıcak humus*

Spinat mit Korinthen, Pinienkernen und Joghurt
*Anadolu ıspanak ezmesi*

Bohnensalat mit roten Zwiebeln, Eiern, Oliven und Anchovis
*Fasulye salatsı*

Zigeunersalat
*Çingene pilavı*

Sellerie-Kokos-Salat mit Limette
*Kereviz salatası*

Rote-Bete-Salat mit Joghurt
*Pancar salatası*

# *Meze* und Salate

Ob als Happen zwischendurch, Vorspeisen, Snacks oder für ein Buffet, türkische *meze* und Salate sind köstlich und in unendlicher Vielfalt zu haben. Es soll allein 40 verschiedene Zubereitungen mit Aubergine geben.

**Von links nach rechts**
Pide, *gebackene Tomaten, Kichererbsenpüree*

Das Beste an türkischen *meze* ist, dass es keinerlei Regel gibt. Die Bezeichnung *meze* wird manchmal als Hors d'oeuvre, Vorspeise oder Snack übersetzt. *Meze* sind aber noch viel mehr. Die wörtliche Übersetzung lautet „angenehmer Geschmack", und damit ist eigentlich schon alles gesagt.

Ursprünglich wurden *meze* zum *rakı* gereicht – der *rakı* machte den Kopf leicht, die *meze* sollten den Gaumen erfreuen, nicht den Magen füllen. So wurden *meze* zum Synonym für friedvolle Gelassenheit. Es war ein Brauch der Männer, ob Händler oder Reisender, entwickelte sich aber über die Jahre zu einer Familientradition. Die *meze*-Tafel wurde nie durch Vorschriften in ihrer Art, Speisenfolge oder Zeitdauer festgelegt, aber eine ungeschriebene Regel besagt, dass die Speisen in kleinen Mengen serviert und ohne Zeitdruck verzehrt werden. So genießen viele Türken abends in aller Ruhe ihre *meze* mit einem *rakı*.

Puristen meinen, nur eine Schüssel Nüsse, Oliven oder eine Feldfrucht seien echte *meze*, während andere keine Einschränkung hinnehmen. Ob geröstete Kürbiskerne, üppige *kebabs* oder Gurkenstückchen, alles ist möglich. Selbst wenn nur eine Sorte Obst oder Gemüse erlaubt wäre, hätte jede Saison ihre Spezialitäten zu bieten: Quittenschnitze mit Zitrone, unreife, säuerliche grüne Pflaumen oder safttriefende Granatäpfel. Auch Wassermelonen, Kirschen, Aprikosen und Feigen gehören dazu, aber die beliebteste Beigabe zum *rakı* waren immer goldene Würfel süßer Melone mit oder ohne Käse.

Die einfachste *meze* ist ein Tellerchen *çerez* – eine appetitliche Knabbermischung aus weißen Maulbeeren, Oliven oder gemischten Nüssen, gerösteten Kürbiskernen, gesalzenen Sonnenblumenkernen oder *leblebi* (gerösteten Kichererbsen).

Auch *ezme* ist eine beliebte Art von *meze*, die aus geschlagenen, zerstoßenen, zerdrückten, pürierten oder gepressten Zutaten besteht und die richtige Konsistenz hat, um mit Brot oder als Dip genossen zu werden. Nicht alle pürierten Gerichte heißen jedoch

*ezme* – manche haben ihre eigenen Namen wie *humus* aus Kichererbsen, *tarama* aus Fischrogen und *fava* aus Dicken Bohnen. Andere werden gar unter dem Oberbegriff *salata* zusammengefasst.

*Meze* und Salate sind sowieso eng verbandelt, da manche Salate als *meze* serviert werden und manches Gericht Salat genannt wird, obwohl es nicht so aussieht. Sowohl *meze* als auch Salate sind in der westlichen Welt beliebt, weil beide entweder als Kleinigkeiten zu Getränken gereicht oder zusammengestellt als Buffet dienen können. Eine große Auswahl an *meze* kann aus einer Vielzahl an kleinen Gerichten bestehen, manchmal sogar aus kleinen Versionen von Hauptspeisen, wie der anatolischen Pizza *fistic lahmacun* oder kleinen Hackbällchen mit dem schönen Namen *cizbiz*.

In Istanbul vereinen sich die besten *meze* und Salate des ganzen Landes, jede regionale Spezialität ist hier zu haben, von einfacher anatolischer Landkost bis zur osmanischen Palastküche. Oft sind die Gerichte allerdings anders als in der Ursprungsregion, die Chilipaste aus Amasya beispielsweise ist dort für unsere Gaumen ungenießbar scharf, in Istanbul jedoch gerade einmal pikant. In allen Vierteln der Stadt finden sich Familien in Höfen, Durchgängen oder auf Balkonen wieder, schlicht überall, wo man einen behelfsmäßigen Tisch aufbauen und *meze* gemeinsam genießen kann.

Ein angenehmer Zeitvertreib ist es, am Ufer des Bosporus zu sitzen, träge den vorbeiziehenden Schiffen nachzusehen und kleine Häppchen köstlichster *meze* zu knabbern, während die Zeit so lange stillsteht.

Himmlisches Auberginenpüree mit feinem Knoblaucharoma; Bulgursalat mit Tomaten, Minze und Petersilie; zerstoßene grüne Oliven mit Koriandersamen; kleine, grüne Paprikaschoten mit aromatischem Reis gefüllt; Pinienkerne und Korinthen; würziges Walnusspüree mit Granatapfelsirup; Artischocken und Dicke Bohnen in Olivenöl; scharf-süßes Sesampüree mit Zitrone; mit Käse, Minze und Dill gefülltes Blätterteiggebäck; frittierte Muscheln in Bierteig; Fischfrikadellen mit Zimt und Dill; zarte Streifen gegrillter Auberginen und Zucchini mit kühlem Knoblauch-Joghurt und ganze, saftige Champignons mit Pinienkernen, Gewürzen und frischen Kräutern – das und noch viel mehr sind türkische *meze*.

***Von links nach rechts***
*Feta, Bohnensalat mit roter Zwiebel, Auberginen*

# *Taze ezmesi*

## Tomaten-Paprika-Dip

Das türkische Wort *taze* bedeutet frisch und besser kann man dieses *meze*-Gericht aus frisch gehackten Zutaten nicht beschreiben. Zusammen mit Würfeln von Honigmelone und Käse oder dicken, saftigen Oliven mit Chili und Oregano sind diese *meze* schlicht aber köstlich. In Kebabhäusern ist dieses Gericht als Snack oder Vorspeise beliebt und wird mit warmem Brot serviert.

**Aus dem Salat wird ein Aufstrich**, *indem zu dem Öl noch 2 EL Tomatenpüree, etwas Chili und 1–2 TL Zucker gegeben werden. Diese kräftige Paste schmeckt auf Brot oder als Sauce zu gegrilltem oder gebratenem Fleisch.*

**ZUTATEN**

2 große Tomaten, gehäutet, entkernt und fein gehackt

2 *çarliston* oder 1 grüne Paprikaschote

1 Zwiebel, fein gehackt

1 grüne Chili, entkernt und fein gehackt

1 Bund frische glatte Petersilie, fein gehackt

einige frische Blättchen Minze, fein gehackt

1–2 EL Olivenöl

Salz und schwarzer Pfeffer, frisch gemahlen

**ERGIBT 4 PORTIONEN**

**1** Die fein gehackten Zutaten in einer Schüssel gut vermengen.

**2** Die Mischung mit dem Olivenöl binden und Salz und Pfeffer zugeben.

**3** Bei Zimmertemperatur in einer großen Schale servieren.

**Nährwert je Portion** 101 kcal – 420 kJ – 2 g Protein – 9 g Kohlenhydrate, davon 8 g Zucker – 6 g Fett, davon 1 g gesättigte Fettsäuren – 0 mg Cholesterin – 66 mg Calcium – 3 g Ballaststoffe – 15 mg Natrium

**ZUTATEN**

**3 EL *tahin***

**Saft von 1 Zitrone, frisch gepresst**

**1–2 EL klarer Honig**

**1–2 TL getrocknete Minze**

**Zitronenspalten**

**ERGIBT 2 PORTIONEN**

**1** Die Sesampaste mit dem Zitronensaft sorgfältig mischen.

**2** Den Honig und die Minze zugeben und schlagen, bis die Paste dick und cremig ist. Die Paste in eine kleine Servierschüssel geben.

**3** Bei Zimmertemperatur mit den Zitronenspalten servieren.

**Zum Frühstück oder als süßer Snack** *ist auch* tahin pekmez *beliebt: 2–3 EL Sesampaste mit 2 EL Traubensirup* (pekmez) *vermischen und mit Brot aufnehmen. Statt Traubensirup kann auch Dattelsirup aus Spezialitätengeschäften oder Reformhäusern verwendet werden.*

# *Tahin tarama* Sesamdip

Dieser köstliche Dip aus Zentralanatolien ist süß und kräftig zugleich und wird in Straßencafés sowie Restaurants als eigenständige *meze* angeboten – ein Appetithäppchen als Vorfreude auf die noch kommenden Köstlichkeiten. Oft sieht man auch ältere Männer, die bei einem Gläschen *rakı* oder Tee sitzen, Backgammon spielen und sich eine Portion *tahin tarama* teilen, die sie mit Brotstückchen aufnehmen.

**Nährwert je Portion** 160 kcal – 664 kJ – 4 g Protein – 7 g Kohlenhydrate, davon 6 g Zucker – 13 g Fett, davon 2 g gesättigte Fettsäuren – 0 mg Cholesterin – 155 mg Calcium – 2 g Ballaststoffe – 6 mg Natrium

# *Patlıcan ezmesi*

## Geräucherte Aubergine mit Joghurt

Diese *meze* ist eine der beliebtesten in der Türkei, obwohl das Püree in jeder Region und sogar in jedem Haushalt unterschiedlich zubereitet wird. Mal wird sehr viel Knoblauch zugegeben, andernorts ist viel Chili drin oder frische Kräuter wie Dill, Minze oder Petersilie. Köstlich ist *patlıcan ezmesi* immer, besonders mit frischem Brot.

**1** Die Auberginen fest mit einer Grillzange packen und über der Flamme eines Gasherds, unter dem Grill oder im Backofen (bei 220 °C) grillen. Von Zeit zu Zeit wenden, bis die Haut rundum leicht verbrannt und das Fruchtfleisch weich und saftig ist.

**2** Die Auberginen in einen Gefrierbeutel geben und einige Minuten ruhen lassen.

**3** Die Haut vorsichtig vom Fruchtfleisch lösen, evtl. geht das einfacher unter fließendem kalten Wasser. Dann muss das Fruchtfleisch jedoch gut ausgedrückt werden, um das überschüssige Wasser zu entfernen.

**4** Die Auberginen auf einem Holzbrett klein schneiden und in eine Schüssel geben. Olivenöl, Zitronensaft und Knoblauch dazugeben und gut miteinander vermischen. Dann den Joghurt unterrühren und mit Salz und Pfeffer würzen.

**5** In einer kleinen Schüssel mit etwas Olivenöl und Dillzweigen garnieren und noch warm oder bei Zimmertemperatur mit Zitronenspalten servieren.

**Einen leckeren Salat**, *den* patlıcan salatası, *ergibt das Fruchtfleisch mit dem Öl, dem Zitronensaft und einigen Frühlingszwiebelringen vermischt. Gehackte Tomaten, Petersilie und Dill verfeinern ihn.*

**ZUTATEN**

**2 große dicke Auberginen**

**2 EL Olivenöl, zzgl. etwas zum Beträufeln**

**Saft von 1 Zitrone**

**2–3 Knoblauchzehen, zerdrückt**

**200 g fester Joghurt *(süzme)***

**Salz und schwarzer Pfeffer, frisch gemahlen**

**etwas Dill**

**einige Zitronenspalten**

**ERGIBT 4 PORTIONEN**

**Auch bei einem Grillfest** *lässt sich das Püree hervorragend zubereiten. Die Aubergine wird auf dem Holzkohlegrill ca. 15–20 Minuten geröstet, dabei mehrfach gewendet. Die Haut bleibt fest und verkohlt, aber das Fruchtfleisch gart darin. Die Aubergine auf einem Schneidbrett längs teilen, das Fruchtfleisch herauskratzen und dann weiter wie im Rezept verfahren.*

**Nährwert je Portion** 103 kcal – 431 kJ – 4 g Protein – 8 g Kohlenhydrate, davon 6 g Zucker – 7 g Fett, davon 1 g gesättigte Fettsäuren – 1 mg Cholesterin – 118 mg Calcium – 2 g Ballaststoffe – 49 mg Natrium

# *Kısır* Bulgur-Tomaten-Salat

Diese traditionelle *meze* aus Bulgur und Tomate ist einfach zubereitet und durch frische Petersilie und Minze sehr schmackhaft, erfrischend und sättigend. Am besten schmeckt *kısır* bei Zimmertemperatur, zum Beispiel auf einem Buffet oder zum Grillen. In einigen türkischen Haushalten wird dieses Gericht Gästen mit Tomaten und Pickles auf Weinblättern zum Tee serviert. Zitronenspalten gehören immer dazu.

**1** Den Bulgur in eine große Schüssel geben, mit kochendem Wasser reichlich bedecken. Kurz umrühren. Die Schüssel mit einem Teller abdecken und 25 Minuten ziehen lassen, bis der Bulgur das Wasser absorbiert und die Menge sich verdoppelt hat.

**2** Das Öl und den Zitronensaft zugeben und mischen, dann das Tomatenpüree zugeben und alles gut vermengen.

**3** Den Zucker, die Zwiebel, *kırmızı biber* und die Kräuter zugeben. Mit Salz und Pfeffer abschmecken.

**4** Bei Zimmertemperatur servieren, mit Minze und Petersilienblättern garnieren.

**Das richtige Aroma** *hat der Salat, wenn er leicht und zitronig schmeckt, Petersilie und Minze deutlich dominieren und ein Hauch von Chili erkennbar ist. Der Zucker intensiviert das Aroma des Tomatenpürees.*

**ZUTATEN**

**175 g Bulgur, gewaschen und abgetropft**

**3–4 EL Olivenöl**

**Saft von 1–2 Zitronen**

**2 EL Tomatenpüree**

**2 TL Zucker**

**1 große rote Zwiebel, geviertelt und in feine Streifen geschnitten**

**2 TL *kırmızı biber* oder 1–2 frische rote Chili, entkernt und fein gehackt**

**1 Bund frische glatte Petersilie, fein gehackt**

**1 Bund frische Minze, fein gehackt**

**Salz und schwarzer Pfeffer, frisch gemahlen**

**einige Blättchen Petersilie und Minze zum Garnieren**

**ERGIBT 4–6 PORTIONEN**

**Ein feuriges *kısır***, *wie es im Südwesten der Türkei üblich ist, wird mit dem Saft saurer Granatäpfel statt Zitronen zubereitet und großzügig mit scharfem Chili gewürzt. Dort formt man kleine Bällchen aus* kısır *und rollt sie in Salatblätter ein.*

**Nährwert je Portion** 149 kcal – 620 kJ – 3 g Protein – 22 g Kohlenhydrate, davon 5 g Zucker – 6 g Fett, davon 1 g gesättigte Fettsäuren – 0 mg Cholesterin – 54 mg Calcium – 2 g Ballaststoffe – 19 mg Natrium

# Havuç ezmesi

## Karottenpüree mit Joghurt

Die türkischen Märkte bieten lange, dünne Karotten in wahrer Farbenpracht an: von gelb über orange und rot bis purpur. Sie werden in Salaten, Linsengerichten und Eintöpfen verwendet oder mit Knoblauchjoghurt als *meze* verzehrt – in Scheiben frittiert mit Joghurt, gerieben als Füllung oder gedämpft, püriert und mit einem Klacks Joghurt serviert, wie in diesem Rezept. Servieren Sie das Püree am besten noch warm mit frischem Brot.

**Das Dünsten von Gemüse** *erhält dessen Aroma, Konsistenz und Nährwerte besser als das Kochen. Mit gekochten, wässrigen Karotten würde dieses Püree an Aroma verlieren.*

**ZUTATEN**

**6 große Karotten**

**1 TL Kümmelsamen**

**2–3 EL Olivenöl**

**Saft von 1 Zitrone**

**225 g fester Joghurt *(süzme)***

**1–2 Knoblauchzehen, zerdrückt**

**Salz und schwarzer Pfeffer, frisch gemahlen**

**einige frische Minzblätter**

**ERGIBT 4 PORTIONEN**

**1** Die Karotten ca. 25 Minuten mit etwas Wasser weich dünsten. Noch warm mit einem Kartoffelstampfer oder einer Gabel zerdrücken.

**2** Kümmelsamen, Öl und 2 EL Zitronensaft zu den Karotten geben, salzen, pfeffern und alles unterrühren.

**3** Den Joghurt in einer Schüssel mit dem restlichen Zitronensaft und dem Knoblauch vermischen.

**4** Das warme Karottenpüree in eine Schüssel geben. In die Mitte eine Mulde drücken und den Joghurt hineingeben. Mit den frischen Minzblättchen und etwas frisch gemahlenem Pfeffer servieren.

**Nährwert je Portion** 157 kcal – 651 kJ – 4 g Protein – 15 g Kohlenhydrate, davon 14 g Zucker – 9 g Fett, davon 2 g gesättigte Fettsäuren – 1 mg Cholesterin – 140 mg Calcium – 3 g Ballaststoffe – 78 mg Natrium

**ZUTATEN**

2 rote Paprikaschoten

1 große Aubergine

2–3 EL Olivenöl

1 rote Zwiebel,
längs in feine Streifen geschnitten

1 rote Chili, entkernt und in feine Streifen geschnitten

2 Knoblauchzehen, gehackt

1–2 TL Zucker

Saft von 1 Zitrone

1 Spritzer Weißweinessig

1 Handvoll frische glatte Petersilie,
grob gehackt

Salz und schwarzer Pfeffer, frisch gemahlen

Zitronenspalten und geröstetes Brot als Beilage

**ERGIBT 4 PORTIONEN**

# Acvar

## Scharfer Auberginen-Paprika-Dip

Dieses ursprünglich arabische Gericht verbindet Aubergine und Paprika mit einem frischen Zitronenaroma. In Anatolien wird es warm mit Zitronenspalten serviert. Mit Joghurt und Brot wird es in entsprechender Menge zum Hauptgericht oder passt als Beilage zu Gegrilltem.

**1** Die Paprikaschoten und die Aubergine über der offenen Gasflamme des Herdes, unter dem Ofengrill oder auf dem Holzkohlegrill rösten, dabei mehrfach wenden. Wenn die Haut schwarz und das Fleisch weich ist, das Gemüse einige Minuten in eine Plastiktüte legen.

**2** Das geröstete Gemüse eins nach dem anderen mit kaltem Wasser abspülen und häuten.

**3** Die Scheidewände und Kerne der Paprikaschoten entfernen und das Gemüse zu einem Brei hacken.

**4** Das Öl in einer großen Pfanne erhitzen und die Zwiebel, die Chili, den Knoblauch und den Zucker bei mittlerer Hitze 2–3 Minuten goldbraun braten.

**5** Den Gemüsebrei, den Essig und den Zitronensaft zugeben, mit Salz und Pfeffer abschmecken. Die Petersilie untermischen und mit Zitronenspalten und Brot servieren.

**Nährwert je Portion** 102 kcal – 425 kJ – 2 g Protein – 11 g Kohlenhydrate, davon 10 g Zucker – 6 g Fett, davon 1 g gesättigte Fettsäuren – 0 mg Cholesterin – 19 mg Calcium – 3 g Ballaststoffe – 6 mg Natrium

# Muhammara

## Scharfer Walnussdip

Die Grundlage dieses Dips sind Walnüsse, sein Einsatzgebiet ist vielfältig: Zu Brot, Gemüsesticks oder als Beilage zu gegrilltem oder gebratenem Fleisch ist er genau richtig. Je nach Region variieren die Zutaten ein wenig – so wird das Brot durch Kichererbsen oder Karotten ersetzt, Käse oder Joghurt sorgen für eine cremige Konsistenz und Knoblauch kann in beliebigen Mengen zugegeben werden. Allen Rezepten gemein ist jedoch die Schärfe, die durch *kırmızı biber* oder Chilis erreicht wird. Im arabischen Ursprungsland wird *Muhammara* mit säuerlichem Granatapfelsirup zubereitet, heute wird eher Zitronensaft verwendet. Die Petersilie nimmt ein wenig Schärfe, nehmen Sie also mehr davon, wenn Sie den Dip etwas abmildern möchten.

**ZUTATEN**

**175 g Walnusskerne**

**1 TL Kreuzkümmelsamen, geröstet und gemahlen**

**1–2 TL *kırmızı biber* oder 1–2 frische rote Chilis, entkernt und fein gehackt oder 1 TL Chilipulver**

**1–2 Knoblauchzehen**

**1 Scheibe altes Brot, einige Minuten in Wasser eingeweicht und ausgedrückt**

**1–2 EL Tomatenpüree**

**1–2 TL Zucker**

**2 EL Granatapfelsirup oder Saft von 1 Zitrone**

**120 ml Olivenöl oder Sonnenblumenöl und etwas zum Garnieren**

**Salz und schwarzer Pfeffer, frisch gemahlen**

**einige Zweige frische glatte Petersilie, zum Garnieren**

**Brot als Beilage**

**ERGIBT 4–6 PORTIONEN**

**1** Im Mörser die Walnüsse mit dem Kreuzkümmel, dem türkischen Pfeffer oder der Chili und dem Knoblauch zerstoßen. Das eingeweichte Brot zugeben und zu einer Paste verarbeiten. Das Tomatenpüree, den Zucker und den Granatapfelsirup untermengen.

**2** Das Öl langsam zugeben und weiter mörsern, bis die Paste dick und homogen ist. Mit Salz und Pfeffer abschmecken und in eine Schüssel füllen. Etwas Öl auf die Oberfläche geben, damit sie nicht austrocknet, und die Petersilie darüber streuen. Bei Zimmertemperatur servieren.

**In einem elektrischen Mixer** *kann man alle Zutaten gut vermengen. Die Zubereitung im Mörser setzt jedoch das Aroma der Nüsse besser frei.*

**Nährwert je Portion** 3391 kcal – 1399 kJ – 5 g Protein – 5 g Kohlenhydrate, davon 3 g Zucker – 33 g Fett, davon 4 g gesättigte Fettsäuren – 0 mg Cholesterin – 34 mg Calcium – 1 g Ballaststoffe – 32 mg Natrium

# *Sıcak humus* Gebackenes Kichererbsenpüree mit Zitrone und Pinienkernen

Das als *meze* servierte Kichererbsenpüree mit Knoblauch, Sesampaste – *tahin* – und Kreuzkümmel ist im gesamten Mittelmeerraum bekannt und wird mit Brot oder Gemüsesticks verzehrt. Diese Variante von gebackenem *humus* ist eine Spezialität aus Ostanatolien. Mehr Joghurt macht es leichter, solo ist es als Vorspeise, mit warmem Brot und Tomaten-Kräuter-Salat ist es auch als leichtes Mittagessen geeignet.

**ZUTATEN**

**225 g getrocknete Kichererbsen, mind. 6 Stunden, am besten über Nacht in Wasser eingeweicht**

**50 ml Olivenöl**

**Saft von 2 Zitronen**

**3–4 Knoblauchzehen, zerdrückt**

**2 TL Kreuzkümmelsamen**

**2–3 EL *tahin***

**3–4 EL fester Joghurt *(süzme)***

**2–3 EL Pinienkerne**

**2–3 EL Ghee oder geklärte Butter**

**1–2 TL *kırmızı biber***

**Salz und schwarzer Pfeffer, frisch gemahlen**

**ERGIBT 4 PORTIONEN**

**1** Eingeweichte Kichererbsen in einen Topf mit reichlich Wasser geben, aufkochen und auf kleiner Flamme in ca. 1 Stunde weich kochen.

**2** Abgießen und unter fließendem kalten Wasser abspülen. Die losen Hülsen mit einem sauberen Trockentuch abrubbeln und entfernen. Den Ofen auf 200 °C vorheizen.

**3** Kichererbsen mit Olivenöl, Zitronensaft, Knoblauch und Kreuzkümmel pürieren oder mit einem Mörser zerkleinern.

**4** Die Sesampaste und den Joghurt unterrühren und alles zu einer glatten Masse verrühren. Mit Salz und Pfeffer abschmecken.

**5** Die Mischung in eine feuerfeste oder irdene Form geben und die Oberfläche mit einem Löffel glatt streichen.

**6** Die Pinienkerne in einer kleinen Pfanne bei geringer Hitze trocken goldgelb rösten, die Butter dazugeben und *kırmızı biber* einrühren.

**7** Die Butter-Pinienkern-Mischung über den *humus* geben. Etwa 25 Minuten im Ofen backen, bis der *humus* leicht gebräunt ist und er die Butter absorbiert hat. Sofort heiß servieren.

**Sesampaste** *heißt in der Türkei* tahin, *in Griechenland und dem Nahen Osten* tahini. *In Reformhäusern und türkischen Lebensmittelläden ist meist eine der beiden Varianten erhältlich.*

**Nährwert je Portion** 433 kcal – 1803 kJ – 15 g Protein – 30 g Kohlenhydrate, davon 3 g Zucker – 29 g Fett, davon 8 g gesättigte Fettsäuren – 21 mg Cholesterin – 160 mg Calcium – 7 g Ballaststoffe — 91 mg Natrium

# *Anadolu ıspanak ezmesi*

## Spinat mit Korinthen, Pinienkernen und Joghurt

Es gibt unzählige Variationen von Spinat-und-Joghurt-Gerichten: vom einfachen, gedämpften Spinat mit Naturjoghurt bis zu dieser pikant-süßen Variante, deren Schärfe durch Knoblauchjoghurt gezähmt wird. Servieren Sie diese *meze* warm mit frischem Brot.

**ZUTATEN**

350 g frischer Spinat

200 g fester Joghurt *(süzme)*

2 Knoblauchzehen, zerdrückt

Saft von 1 Zitrone

2–3 EL Olivenöl

1 rote Zwiebel, geviertelt und in feine Streifen geschnitten

1 TL Zucker

2 EL Pinienkerne

1–2 TL *kırmızı biber*

1–2 EL Korinthen, 5–10 Minuten in warmem Wasser aufgeweicht, abgetropft

Salz und schwarzer Pfeffer, frisch gemahlen

1 Prise *kırmızı biber* zum Servieren

**ERGIBT 3–4 PORTIONEN**

**1** Den tropfnassen Spinat in einen Topf geben und 3–4 Minuten dünsten, bis er leicht eingefallen ist. Beiseitestellen.

**2** In einer Schüssel den Joghurt gut mit dem Knoblauch und einem Spritzer des Zitronensafts verrühren.

**3** Das Olivenöl in einer schweren Pfanne erhitzen, die Zwiebel und den Zucker dazugeben und anschwitzen. Sobald die Zwiebel etwas Farbe annimmt, die Pinienkerne und *kırmızı biber* dazugeben und die Pinienkerne leicht bräunen.

**4** Korinthen und Spinat in die Pfanne geben und alles gut vermischen. Mit dem restlichen Zitronensaft und Salz und Pfeffer würzen.

**5** Spinat direkt aus der Pfanne oder auf einer Platte servieren, den Joghurt auf dem Spinat anrichten und mit etwas *kırmızı biber* bestreuen.

**Nährwert je Portion** Energie 145 kcal – 603 kJ – 6 g Protein – 10 g Kohlenhydrate, davon 9 g Zucker – 9 g Fett, davon 1 g gesättigte Fettsäuren – 1 mg Cholesterin – 252 mg Calcium – 2,2 g Ballaststoffe – 165 mg Natrium

# *Fasulye salatsı* Bohnensalat mit roten Zwiebeln, Eiern, Oliven und Anchovis

Salate aus grünen Bohnen, Sojabohnen, weiß-rot gesprenkelten Borlottibohnen oder Augenbohnen sind als *meze* ebenso beliebt wie als Beilagen zu gegrilltem oder gebratenem Fleisch. Oft besteht der Salat nur aus Bohnen, Zwiebeln und Petersilie mit Olivenöl, aber in vielen Haushalten gibt es raffinierte Rezepte, die als eigenständige *meze* oder Zwischenmahlzeit genossen werden.

**ZUTATEN**

**225 g weiße Bohnen oder Augenbohnen, mind. 6 Stunden, am besten über Nacht eingeweicht**

**1 rote Zwiebel, geviertelt und in Streifen geschnitten**

**3–4 EL schwarze Oliven**

**1 kleiner Bund glatte Petersilie, grob gehackt**

**4 EL Olivenöl**

**Saft von 1 Zitrone**

**3–4 Eier, wachsweich gekocht und geviertelt**

**12 Anchovisfilets aus dem Glas, abgetropft**

**Salz und schwarzer Pfeffer, frisch gemahlen**

**Zitronenspalten zum Servieren**

**ERGIBT 4 PORTIONEN**

**1** Das Wasser von den Bohnen abschütten und die Bohnen mit frischem Wasser in einen Topf geben. Aufkochen und dann bei kleiner Hitze etwa 45 Minuten köcheln lassen, bis die Bohnen gar sind, aber noch Biss haben.

**2** Die Bohnen in ein Sieb geben und gut abspülen, lose Hülsen entfernen.

**3** In einer flachen Schale die Bohnen mit Zwiebel, Oliven und der Petersilie (etwas zur Deko beiseitestellen) gut vermengen. Olivenöl und Zitronensaft unterrühren und mit Salz und Pfeffer würzen.

**4** Eier und Anchovis auf dem Salat anrichten und mit der restlichen Petersilie bestreuen, mit Zitronenspalten servieren.

**Nährwert je Portion** 402 kcal · 1674 kJ – 28 g Protein – 10 g Kohlenhydrate, davon 4 g Zucker – 28 g Fett, davon 4 g gesättigte Fettsäuren – 149 mg Cholesterin – 221 mg Calcium – 10 g Ballaststoffe – 696 mg Natrium

ZUTATEN

2 rote Zwiebeln, geviertelt und in Streifen geschnitten

1 grüne Paprika, in feinen Streifen

1 frische grüne Chili, entkernt und grob gehackt

2–3 Knoblauchzehen, grob gehackt

1 kleiner Bund frische glatte Petersilie, grob gehackt

225 g *beyaz peynir*, Feta oder Schafskäse, zerbröselt

2 große Tomaten, enthäutet und grob gehackt

2–3 EL Olivenöl

Salz und schwarzer Pfeffer, frisch gemahlen

ZUM SERVIEREN

1 TL *kırmızı biber*

1 TL *sumak*

ERGIBT 3 PORTIONEN

# *Çingene pilavı* Zigeunersalat

Zwei Salate sind als *meze* oder Beilagen zu Fisch oder Fleisch besonders beliebt: Der Hirtensalat, *çoban salatası*, wird aus Gurkenstückchen, Tomate, Paprika, Zwiebel und Petersilie zubereitet, während der andere, *çingene pilavı*, Zigeunerreis heißt. Die Zutaten sind ähnlich denen des Hirtensalates, nur Chili verleiht zusätzliche Schärfe und der feinkrümelige Feta verkleidet sich als Reis.

**1** Die Zwiebeln in einer kleinen Schale salzen und 10 Minuten Wasser ziehen lassen. In ein Sieb geben und unter kaltem Wasser abspülen. Mit Küchenpapier trocken tupfen.

**2** Jetzt die Zwiebeln mit der grünen Paprika, der Chili, dem Knoblauch, dem Käse und den Tomaten gut vermischen.

**3** Olivenöl darübergeben und mit Salz und Pfeffer abschmecken. Die Petersilie dazugeben und alles miteinander verrühren.

**4** Den Salat auf einer Platte anrichten und mit *kırmızı biber* und *sumak* servieren.

**Nährwert je Portion** 253 kcal – 1049 kJ – 11 g Protein – 13 g Kohlenhydrate, davon 11 g Zucker – 18 g Fett, davon 9 g gesättigte Fettsäuren – 39 mg Cholesterin – 260 mg Calcium – 3 g Ballaststoffe – 824 mg Natrium

# *Kereviz salatası*

## Sellerie-Kokos-Salat mit Limette

Die Verwendung geriebener Kokosnuss in herzhaften Gerichten ist untypisch für die Türkei, wo Kokosraspel normalerweise süße Desserts verzieren oder mit Granatapfelkernen eine mittelalterliche *meze* ausmachen. An einem heißen Sommertag ist der erfrischende Salat aber eine gelungene Beilage zu gebratenem oder gegrilltem Fleisch oder scharfen Gerichten. In Kokosnussschalen serviert gewinnt er an Exotik.

**Mittelalterlicher Herkunft**, *aber trotzdem in einigen Istanbuler Kneipen heute noch anzutreffen, ist eine* meze *aus glänzend rubinroten Granatapfelkernen mit feinen Spänen frischer Kokosnuss und Zitronensaft – ein Fest für die Augen und sehr erfrischend.*

**ZUTATEN**

**3–4 EL fester Joghurt *(süzme)***

**2 Knoblauchzehen, zerdrückt**

**1 TL Limettenzesten**

**Saft von 1 Limette**

**8 frische Selleriestangen (Blätter zum Garnieren aufbewahren)**

**Fruchtfleisch von 1/2 frischen Kokosnuss, gerieben**

**Salz und schwarzer Pfeffer, frisch gemahlen**

**frische glatte Petersilie zum Garnieren**

**ERGIBT 3 PORTIONEN**

**1** Joghurt und Knoblauch in einer Schüssel vermischen. Limettenzesten und -saft dazugeben und mit Salz und Pfeffer abschmecken.

**2** Sellerie und Kokosnuss unterheben, 20 Minuten gut durchziehen lassen, in einer Schüssel anrichten und mit Sellerie- und Petersilienblättern garniert servieren.

**Nährwert je Portion** 126 kcal – 521 kJ – 2 g Protein – 3 g Kohlenhydrate, davon 3 g Zucker – 12 g Fett, davon 10 g gesättigte Fettsäuren – 0 mg Cholesterin – 63 mg Calcium – 3,6 g Ballaststoffe – 69 mg Natrium

# Pancar salatası

## Rote-Bete-Salat mit Joghurt

Die gesunden Eigenschaften von Joghurt werden in vielen *meze* genutzt. Mit püriertem oder geraspeltem Gemüse und etwas Essig oder Zitronensaft ist er als Sauce zu gegrilltem Fleisch oder Gemüse sehr beliebt. Auch natur sowie mit Honig oder etwas Zucker hat er seine Anhänger. Der berühmteste Joghurtdip ist das Auberginenpüree von Seite 24, aber die mit Knoblauch pikant abgeschmeckte Variante mit Roter Bete ist ebenfalls ein Schatz, den es zu entdecken gilt.

**ZUTATEN**

4 ganze rohe Rote Bete

500 g fester Joghurt *(süzme)*

2 Knoblauchzehen, zerdrückt

Salz und schwarzer Pfeffer, frisch gemahlen

Minzblätter zum Garnieren

**ERGIBT 4 PORTIONEN**

**1** Die Rote Bete in reichlich Wasser in 35–40 Minuten garen. Sie sollten weich, aber nicht matschig sein. In kaltem Wasser abschrecken.

**2** Die Haut entfernen und die Rote Bete in eine Schüssel reiben. Mit den Fingern (am besten in Handschuhen) das überschüssige Wasser ausdrücken.

**3** Joghurt und Knoblauch in einer Schüssel verrühren und mit Salz und Pfeffer würzen.

**4** Die Rote Bete dazugeben, ein wenig zum Garnieren beiseitestellen, und alles gut miteinander vermischen. Mit einigen Minzblättern garniert servieren.

**Warmer Rote-Bete-Salat** *ist ebenfalls beliebt. Die gewürfelte Rübe wird mit Koriandersamen, Zucker und einem Spritzer Apfelessig gedünstet und warm mit Knoblauchjoghurt und Dill serviert.*

**Die Karotten-Version** *wird aus 4 Karotten zubereitet, die ca. 15 Minuten gedünstet werden, bis sie gerade noch Biss haben. Die Karotten raspeln und mit dem Knoblauchjoghurt mischen, mit Dill oder Minze garnieren.*

**Nährwert je Portion** 95 kcal – 403 kJ – 8 g Protein – 14 g Kohlenhydrate, davon 13 g Zucker – 1 g Fett, davon 0,5 g gesättigte Fettsäuren – 2 mg Cholesterin – 249 mg Calcium – Ballaststoffe 1 g – 137 mg Natrium

# SUPPEN UND WARME *MEZE*

Joghurtsuppe mit Reis und Minze
*Yayla çorbası*

Rote Linsensuppe
*Kırmızı mercimek çorbası*

Granatapfelbrühe
*Narlı çorba*

Lauchsuppe mit Feta, Dill und Paprika
*Pırasa çorbası*

Hochzeitssuppe
*Düğün çorbası*

Pikantes Gemüseragout mit Ei
*Menemen*

Pochierte Eier
*Çılbır*

Frittierte Muscheln in Bierteig mit Knoblauch-Walnuss-Sauce
*Midye tavası*

Börek mit Feta, Petersilie, Minze und Dill
*Sigara böreği*

Hackfleischfladen
*Lahmacun*

Teigtaschen
*Mantı*

# Suppen und warme *meze*

Ob Sie nach Süßem oder Herzhaftem verlangen, hier werden Sie sicher das Richtige finden. Snacks spielen im türkischen Alltag eine wichtige Rolle und Straßenhändler und Cafés bieten unzählige Spezialitäten an.

**Von links nach rechts**
Çılbır, *Muscheln, Joghurtsuppe*

Suppen und warme *meze* sind hier zusammengefasst, weil eine Suppe oft als kleine Zwischenmahlzeit dient. Straßenhändler und Suppenhäuser in Dörfern und Städten verkaufen zu jeder Tages- und Nachtzeit heiße Suppen. Im ländlichen Anatolien gehört eine heiße Suppe zum Winterfrühstück, während Nachtschwärmer in Istanbul noch spät den *iskembici* aufsuchen – den Kuttelsuppenkoch. Traditionelle Lieblingssuppen sind Suppen aus Schafskopf oder Schafshaxe sowie Kutteln, meist mit reichlich Knoblauch, etwas Essig, scharfer Chili und einer Schüssel Pickles serviert.

Obwohl Hühner- und Fleischbrühen verwendet werden, ist reine Hühnersuppe selten und kommt nur in Verbindung mit Nudeln vor. *Düğün çorbası* (Hochzeitssuppe) enthält Hammel- oder Lammfleisch und ist sicher die traditionellste türkische Suppe. Sie wird mit Essig oder Zitronen zubereitet und hieß daher ursprünglich *ekşili*, saure Suppe. Gemüsesuppen enthalten oft Bohnen oder Linsen und sind nur durch etwas mehr Flüssigkeit von Eintöpfen zu unterscheiden. Oft sind sie so gehaltvoll, dass sie mit einem Stück Brot als ganze Mahlzeit dienen. Nudelsuppen sind ebenfalls beliebt, manche ähneln einer flüssigen Version von *mantı* (Seite 60).

Da Suppe und Brot früher die Grundnahrungsmittel der Soldaten, Studenten und Derwische waren, musste die Suppe nahrhaft und dick sein. Angedickt wurde traditionell mit Ei und Zitrone, was der Suppe ein saures Aroma verlieh. Eine preiswerte Suppe ist *un çorbası* (Mehlsuppe), die tatsächlich aus angedickter Brühe besteht und geschmacklich von der Qualität der Brühe abhängt. Diese Suppe dient mit Brot als einfacher Magenfüller. Die anatolische *tarhana* hingegen wird aus gepresstem, getrocknetem und fermentiertem Bulgur mit Joghurt und Salz hergestellt und ist für westliche Gaumen gewöhnungsbedürftig.

Neben den Suppen sind auch Eier- oder Teiggerichte als Snacks beliebt, an erster Stelle steht *menemen*, eine Mischung aus Zwiebel, Tomate und Paprika, in der Pfanne gedünstet und mit

Rührei vermischt oder einem Spiegelei garniert. *Menemen* wird häufig an Bahnhöfen verkauft, zur Stärkung vor oder nach einer längeren Reise. Eier mit *sucuk* (herzhafte Trockenwurst) oder *pastırma* (gewürztes, getrocknetes Rindfleisch) sind ebenfalls beliebt, so wie *kokoreç* (gefüllter Schafsmagen), das auf tragbaren Öfen gebraten und mit Brot verzehrt wird oder *midye tavası* (frittierte Muscheln mit Walnuss-Knoblauch-Sauce), die man an Istanbuls oder Izmirs Küsten genießt.

Die warmen *meze* Anatoliens bestehen in erster Linie aus *lahmacun*, einem Hackfleischfladen mit Zitrone und Petersilie sowie diversen *mantı*-Gerichten, einer Art gefüllte Nudeln. In Istanbul hinterließen die Osmanen eine große Auswahl an herzhaftem Gebäck – die Palastköche unter Sultan Mehmet IV. nahmen ihre Aufgaben sehr ernst und die Köche der Stadt hatten ihren Rezepten bei Strafandrohung zu folgen.

Es gibt etwa ein Dutzend verschiedene Arten von herzhaften, gefüllten Teiggerichten unter dem Sammelbegriff *börek*, wobei die Art der Füllung je nach Region variiert. Im ganzen Land findet man weißen Käse mit Kräutern, Spinat und Zwiebeln oder Füllungen aus Lamm- oder Rinderhackfleisch mit Zwiebeln. Regionale Füllungen sind Kürbis oder Kartoffel, Aubergine und Käse oder Fisch mit Kräutern. Zu den Teigarten gehören die traditionellen *yufka*-Blätter, die durch Filo ersetzt werden können, ebenso wie raffinierte Sorten ähnlich dem Blätterteig. *Su böreği* stellt die Verbindung zwischen eingerollten Teigtaschen und gebackenem Auflauf her: Lagen aus Teigblättern werden abwechselnd mit einer Füllung geschichtet und wie italienische Lasagne überbacken.

Die ältesten Teigwaren sind *mantı*, die aus China über die Seidenstraße nach Ostanatolien kamen. Die fruchtbaren Ebenen von Kayseri sind für gute *mantı*-Köche bekannt. Ursprünglich wurde der Nudelteig mit gewürztem Hackfleisch gefüllt, im Ofen gebacken und mit Knoblauchjoghurt und Butter oder Ghee serviert. Moderne Versionen lassen die Butter weg und geben stattdessen Tomatensauce über Klöße aus Nudelteig.

***Von links nach rechts***
*Lauchsuppe mit Feta, scharfe Linsensuppe,* Menemen

# *Yayla çorbası*

## Joghurtsuppe mit Reis und Minze

In jeder türkischen Suppenküche, jedem Bahnhof und in Straßencafés werden Sie der Joghurtsuppe begegnen. Sie basiert auf aromatischer Brühe und Joghurt und enthält je nach Region meist noch Reis, Bulgur, Kichererbsen oder Gerste sowie Safran oder Paprika. Ohne getrocknete Minze zubereitet spricht man von einer einfachen *yoghurt çorbası*. Knuspriges Brot ist ein hervorragender Begleiter.

**ZUTATEN**

**1 EL Butter oder Sonnenblumenöl**

**1 große Zwiebel, fein gehackt**

**1 EL Mehl**

**1,2 l Lamm- oder Hühnerbrühe**

**75 g Langkornreis**

**1–2 EL getrocknete Minze**

**400 g fester Joghurt (*süzme*, s. u.)**

**Salz und schwarzer Pfeffer, frisch gemahlen**

**ERGIBT 4 PORTIONEN**

**1** Butter oder Öl in einem Topf erhitzen, die Zwiebel dazugeben und bei kleiner Hitze glasig dünsten.

**2** Den Topf vom Herd nehmen und rasch das Mehl unterrühren. Mit der Brühe aufgießen, zurück auf den Herd geben und zum Kochen bringen.

**3** Den Reis einrühren und die Minze dazugeben, etwas von der Minze zum Garnieren beiseitestellen. Den Topf mit dem Deckel verschließen und bei kleiner Flamme 20 Minuten köcheln lassen. Mit Salz und Pfeffer abschmecken.

**4** Den Joghurt in einer Schüssel verrühren, ein wenig beiseitestellen und den Rest löffelweise in die Suppe rühren. Gut erwärmen, aber nicht kochen lassen, denn sonst gerinnt der Joghurt.

**5** Die Suppe auf Tellern verteilen und mit dem restlichen Joghurt und der Minze garniert servieren.

***Süzme* (abgehangenen Joghurt)** *gibt es mittlerweile auch schon in gut sortierten Supermärkten. Außerdem ist er leicht selbst herzustellen. Dazu ein feines Musselintuch in ein Sieb legen und den Joghurt löffelweise hineingeben. Die Molke ablaufen lassen, den entwässerten Joghurt in eine Schüssel geben.*

**Nährwerte je Portion** 187 kcal – 781 kJ – 8 g Protein – 30 g Kohlenhydrate, davon 11 g Zucker – 4 g Fett, davon 3 g gesättigte Fettsäuren – 9 mg Cholesterin – 215 mg Calcium – 1 g Ballaststoffe – 108 mg Natrium

# *Kırmızı mercimek çorbası*

## Rote Linsensuppe

In Istanbul und Izmir sind Linsensuppen leicht und mäßig scharf und werden als Snack oder Vorsuppe serviert. Dagegen wird die anatolische Variante der Bohnen- oder Linsensuppe mit Hammelfleisch und Tomaten gekocht, stark gewürzt und als vollständige Mahlzeit serviert.

**ZUTATEN**

**2–3 EL Butter oder Olivenöl**

**1 große Zwiebel, grob gehackt**

**2 Knoblauchzehen, fein gehackt**

**1 frische rote Chili, entkernt und fein gehackt**

**1–2 TL Kreuzkümmelsamen**

**1–2 TL Koriandersamen**

**1 Karotte, gewürfelt**

**1 TL gemahlener Bockshornklee**

**1 TL Zucker**

**1–2 EL Tomatenmark**

**250 g kleine rote Linsen**

**1,75 l Lamm- oder Hühnerbrühe**

**Salz und schwarzer Pfeffer, frisch gemahlen**

**ZUM SERVIEREN**

**1 kleine rote Zwiebel, fein gewürfelt**

**1 Bund glatte Petersilie**

**1 Zitrone, in Spalten**

**ERGIBT 4–6 PORTIONEN**

**1** Die Butter in einem schweren Topf erhitzen, Zwiebel, Knoblauch, Chili, Kreuzkümmel und Koriander dazugeben und unter Rühren 1–2 Minuten anschwitzen.

**2** Die Karotte dazugeben und weitere 1–2 Minuten Farbe annehmen lassen.

**3** Bockshornklee, Zucker, Tomatenmark und die Linsen unterrühren.

**4** Die Brühe angießen, gut verrühren und zum Kochen bringen. Die Hitze reduzieren und 30–40 Minuten zugedeckt köcheln lassen, bis die Linsen aufgequollen sind und die Suppe leicht eingedickt ist.

**5** Ist die Suppe zu dick geraten, bringt man sie mit etwas Wasser oder Brühe auf die gewünschte Konsistenz. Pürieren, mit Salz und Pfeffer abschmecken.

**6** Die Suppe in Schüsseln füllen und mit der klein gewürfelten Zwiebel und der Petersilie bestreuen. Mit den Zitronenspalten servieren.

**Nährwerte je Portion** 203 kcal – 856 kJ – 11 g Protein – 32 g Kohlenhydrate, davon 7 g Zucker – 4 g Fett, davon 1 g gesättigte Fettsäuren – 0 mg Cholesterin – 45 mg Calcium – 4 g Ballaststoffe – 26 mg Natrium

# *Narlı çorba* Granatapfelbrühe

Diese frische Suppe kommt ursprünglich aus Persien und Aserbaidschan und ist die vermutlich köstlichste Art, saure Granatäpfel zu genießen. Ein Augen- und Gaumenschmaus gleichermaßen, wird die klare Brühe als raffinierter Zwischengang oder als leichte Vorspeise serviert. Saure Granatäpfel sind in Spezialitätengeschäften erhältlich. Haben Sie die süße Variante gekauft, geben Sie Zitronensaft zu.

**ZUTATEN**

**1,2 l klare Hühnerbrühe**

**150 ml saurer Granatapfelsaft**

**Samen von 1 süßen Granatapfel**

**Salz und schwarzer Pfeffer, frisch gemahlen**

**frische Minze zum Garnieren**

**ERGIBT 4 PORTIONEN**

**1** Die Hühnerbrühe aufkochen, den Topf vom Herd nehmen und den Granatapfelsaft (sowie Zitronensaft bei süßen Granatäpfeln) einrühren. Die Mischung nochmals aufkochen.

**2** Bei mittlerer Hitze die Hälfte der Granatapfelsamen einrühren und abschmecken.

**3** Die Suppe in vorgewärmte Schalen füllen, mit den restlichen Granatapfelsamen und Minze garnieren und sofort servieren.

**Granatäpfel** *sind seit der Antike bekannt als Symbol für Schönheit, Fruchtbarkeit und Wohlstand und haben in der mittelalterlichen islamischen Mystik die Macht, die Seele von Neid und Zorn zu befreien. Die Früchte gedeihen im Nahen Osten, waren immer in der dortigen Küche präsent und sollen sogar Zauberkräfte haben. Die rubinroten Samen der süßen Granatäpfel werden frisch verzehrt, während die der sauren Früchte in Suppen, Marinaden, Dressings und Sirup verwendet werden und ein erfrischendes Brausegetränk ergeben.*

**Der Granatapfelsaft** *für dieses Rezept wird aus 5–6 sauren Granatäpfeln gewonnen. Dazu die Früchte kreuzweise bis zur Mitte einschneiden und mit einer Zitruspresse ausdrücken. Der Saft darf nur mit Glas, Holz oder Edelstahl in Berührung kommen. Mit anderen Metallen reagiert er, wird farblos und schmeckt streng.*

**Nährwerte je Portion** 62 kcal – 260 kJ – 2 g Protein – 4 g Kohlenhydrate, davon 2 g Zucker – 4 g Fett, davon 1 g gesättigte Fettsäuren – 0 mg Cholesterin – 14 mg Calcium – 1 g Ballaststoffe – 205 mg Natrium

# *Pırasa çorbası*

## Lauchsuppe mit Feta, Dill und Paprika

Cremige Lauchsuppe wird in der Türkei gern zubereitet. Mit Dill gewürzt und zerdrücktem Käse garniert, ist diese Suppe wärmend und nahrhaft. Der salzige Feta passt gut zum Lauch, kann aber auch durch ebenfalls salzigen Roquefort oder Parmesan oder sogar durch Croûtons ersetzt werden. Servieren Sie die Suppe mit warmem, knusprigem Brot.

**ZUTATEN**

2 EL Oliven- oder Sonnenblumenöl

3 Stangen Lauch, gesäubert, grob gehackt und gewaschen

1 Zwiebel, gehackt

1 TL Zucker

1 Bund frischer Dill, gehackt, einige Spitzen zurückhalten zum Garnieren

300 ml Milch

1 EL Butter

115 g *beyaz peynir,* Feta oder Schafskäse, zerdrückt

Salz und Pfeffer, frisch gemahlen

Paprikapulver zum Garnieren

**ERGIBT 3–4 PORTIONEN**

**1** Das Öl erhitzen, den Lauch und die Zwiebel darin ca. 10 Minuten weich dünsten.

**2** Den Zucker und den Dill zugeben und 600 ml Wasser zufügen. Aufkochen und bei schwacher Hitze ca. 15 Minuten köcheln lassen.

**3** Die Suppe etwas abkühlen lassen, dann im Mixer pürieren.

**4** Die cremige Suppe wieder in den Topf geben, die Milch zufügen und erwärmen, aber nicht kochen.

**5** Mit wenig Salz (der Feta ist auch salzig) und Pfeffer abschmecken. Die Butter zugeben und schmelzen lassen.

**6** Die Suppe in Schalen geben und mit Feta, Dill und Paprikapulver anrichten.

**Nährwerte je Portion** 203 kcal – 844 kJ – 10 g Protein – 11 g Kohlenhydrate, davon 9 g Zucker – 14 g Fett, davon 6 g gesättigte Fettsäuren – 25 mg Cholesterin – 259 mg Calcium – 4 g Ballaststoffe – 454 mg Natrium

**ZUTATEN**

**500 g Lammfleisch am Knochen, von Schulter, Hals oder Haxe**

**2 Karotten, grob gehackt**

**2 Kartoffeln, grob gehackt**

**1 Zimtstange**

**3 EL fester Joghurt *(süzme)***

**3 EL Mehl**

**1 Eigelb**

**Saft von 1/2 Zitrone**

**2 EL Butter**

**1 TL *kırmızı biber* oder Paprikapulver**

**Salz und schwarzer Pfeffer, frisch gemahlen**

**ERGIBT 4–6 PORTIONEN**

# *Düğün çorbası* Hochzeitssuppe

Die traditionelle türkische Hochzeitssuppe variiert je nach Region nur in der Zugabe des Zimtes. Mit Lammbrühe und Lammfleisch sowie auf die klassische Art mit Zitrone, Ei und Joghurt gebunden ist die Suppe köstlich cremig und leicht säuerlich.

**1** Das Lammfleisch mit den Karotten, den Kartoffeln und dem Zimt in einem großen Topf mit 2 Liter Wasser aufgießen und aufkochen. Den Schaum abschöpfen und die Hitze reduzieren.

**2** Zugedeckt ca. 1,5 Stunden köcheln lassen, bis das Fleisch so zart ist, dass es fast vom Knochen abfällt. Das Lammfleisch herausheben und auf ein Schneidbrett legen.

**3** Das Fleisch vom Knochen lösen und fein würfeln. Die Brühe durch ein Sieb gießen und das Gemüse sowie den Zimt entfernen. Die Brühe in den Topf zurückgießen, abschmecken und aufkochen.

**4** Den Joghurt mit dem Mehl verquirlen, das Eigelb und den Zitronensaft zufügen und nochmals sorgfältig schlagen. Unter weiterem Verquirlen dann 250 ml der heißen Brühe zugeben.

**5** Die Hitze reduzieren und die Joghurtmischung zur Suppe geben, dabei permanent kräftig rühren. Das Fleisch zugeben und erhitzen.

**6** Die Butter schmelzen und *kırmızı biber* oder das Paprikapulver darin auflösen.

**7** Die Suppe in Schälchen füllen und die Butter darüberträufeln.

**Nährwerte je Portion** 226 kcal – 943 kJ – 15 g Protein – 14 g Kohlenhydrate, davon 4 g Zucker – 12 g Fett, davon 6 g gesättigte Fettsäuren – 88 mg Cholesterin – 54 mg Calcium – 1 g Ballaststoffe – 87 mg Natrium

# *Menemen* Pikantes Gemüseragout mit Ei

*Menemen* ist ein typisches Gericht, das auf transportablen Öfen an Straßenecken, Bushaltestellen, Bahnhöfen und in Häfen als Snack oder ganze Mahlzeit angeboten wird. Je nach Vorliebe werden die Eier in das Ragout eingerührt oder darauf gegeben, um im Dampf des Gemüses unter einem Deckel zu garen.

**ZUTATEN**

1 EL Olivenöl

1 EL Butter

2 rote Zwiebeln, halbiert und in dünne Streifen geschnitten

1 rote oder grüne Paprika

2 Knoblauchzehen, zerdrückt

1–2 TL *kırmızı biber* oder 1 frische rote Chili, entkernt und fein gewürfelt

400 g Tomatenstücke aus der Dose oder

3 Tomaten, enthäutet und gehackt

1–2 TL Zucker

4 Eier

Salz und schwarzer Pfeffer, frisch gemahlen

**ZUM SERVIEREN**

6 EL fester Joghurt *(süzme)*

1–2 Knoblauchzehen, zerdrückt

1 Handvoll frische gehackte glatte Petersilie

**ERGIBT 4 PORTIONEN**

**1** Das Öl und die Butter in einer Pfanne erhitzen. Zwiebeln, Paprika, Knoblauch und *kırmızı biber* oder Chili hineingeben und unter Rühren leicht anschwitzen.

**2** Die Tomaten und den Zucker dazugeben und alles gut verrühren.

**3** Für etwa 10 Minuten, oder bis die Flüssigkeit zum großen Teil verdampft ist, köcheln lassen. Mit Salz und Pfeffer abschmecken.

**4** Die Eier über die Tomatenmischung schlagen, die Pfanne verschließen und bei kleiner Hitze ziehen lassen, bis die Eier gestockt sind.

**5** Währenddessen den Joghurt in einer Schüssel mit Knoblauch verrühren und mit Salz und Pfeffer abschmecken.

**6** *Menemen* in Schüsseln geben, den Joghurt darübergeben und mit der Petersilie garnieren.

**Vier einzelne Portionen** *erhält man, indem man das Tomatenragout in vier Pfännchen teilt und jeweils ein Ei darüber gibt.*

**Nährwert je Portion** 190 kcal – 790 kJ – 9g Protein – 15 g Kohlenhydrate, davon 12 g Zucker – 11 g Fett, davon 4 g gesättigte Fettsäuren – 196 mg Cholesterin – 65 mg Calcium – 3 g Ballaststoffe – 101 mg Natrium

**ZUTATEN**

500 g fester Joghurt *(süzme)*

2 Knoblauchzehen, zerdrückt

2–3 EL Weißweinessig

4 große Eier

1–2 TL Butter

1 TL *kırmızı biber*

einige getrocknete Salbeiblättchen, zerrieben

Salz und schwarzer Pfeffer, frisch gemahlen

**ERGIBT 2 PORTIONEN**

**Weitere beliebte Eiergerichte** *sind* yumurtali ispanak kavurmasi, *bestehend aus Spinat und Zwiebeln mit einem gekochten Ei in der Mitte und klassische Gerichte aus der Palastküche wie* Eier mit pastırma.

# *Çılbır* Pochierte Eier

Die pochierten Eier auf Knoblauchjoghurt sind überraschend köstlich. In der Türkei als *meze* oder Snack beliebt, kann das Gericht mit einem Salat auch als leichtes Abendessen dienen. Hühner- oder Enteneier eignen sich pochiert oder gebraten. Mit *kırmızı biber* oder Paprikapulver gewürzt und mit geröstetem Brot serviert, ist es ein einfaches aber wohlschmeckendes Gericht.

**1** Joghurt und Knoblauch in einer Schüssel verrühren. Mit Salz und Pfeffer abschmecken. Auf zwei Tellern kreisrund ausstreichen.

**2** Wasser in einem Topf erhitzen, den Essig dazugeben, um das Eiweiß zu versiegeln, und alles zum Kochen bringen. Das Wasser gut rühren, um einen Strudel zu erzeugen. Das Ei aufschlagen und in den Strudel gleiten lassen. Das Ei dreht sich im Strudel und so wird das Eigelb vom Eiweiß vollständig umhüllt.

**3** Die restlichen Eier auf die gleiche Weise ins Wasser gleiten lassen, je 2–3 Minuten pochieren, das Eigelb sollte noch weich sein.

**4** Die Eier mit einem Schaumlöffel aus dem Wasser holen und auf dem Joghurtbett platzieren.

**5** Zügig die Butter in einer kleinen Pfanne erhitzen. *Kırmızı biber* und Salbei unterrühren, kurz Farbe annehmen lassen und über die Eier löffeln. Sofort heiß servieren.

**Nährwert je Portion** 345 kcal – 1438 kJ – 25 g Protein – 19 g Kohlenhydrate, davon 19 g Zucker – 20 g Fett, davon 8 g gesättigte Fettsäuren – 400 mg Cholesterin – 534 mg Calcium – 100 mg Ballaststoffe – 393 mg Natrium

# *Midye tavası* Frittierte Muscheln in Bierteig mit Knoblauch-Walnuss-Sauce

*Midye tavası* werden in riesigen, geschwungenen Töpfen frittiert, auf Spießchen gesteckt und bündelweise verkauft. Dazu gehört eine Knoblauchsauce, *tarator*, mit Walnüssen, Mandeln oder Pinienkernen oder einfach nur mit altem Brot. Die Muschelspieße sind in Istanbuls und Izmirs Straßen allgegenwärtig, aber auch als *meze* in Fischrestaurants sehr beliebt.

**ZUTATEN**

**Sonnenblumenöl zum Frittieren**

**etwa 50 frische Muscheln, gesäubert und ohne Schale**

**FÜR DEN TEIG**

**120 g Mehl**

**1 TL Salz**

**1/2 TL Backpulver oder Natron**

**2 Eigelb**

**175–250 ml helles Bier**

**FÜR DIE SAUCE**

**80 g Walnusskerne**

**2 Scheiben altbackenes Brot, in Wasser eingeweicht**

**2–3 Knoblauchzehen, zerdrückt**

**3–4 EL Olivenöl**

**Saft von 1 Zitrone**

**1 Spritzer Weißweinessig**

**Salz und schwarzer Pfeffer, frisch gemahlen**

**ERGIBT 5 PORTIONEN**

**1** Für den Teig Mehl, Salz und Backpulver in einer Schüssel vermischen. Eine Mulde in die Mitte drücken und die Eigelbe hineingleiten lassen. Nach und nach das Bier dazugießen und dabei vorsichtig mit einem Holzlöffel das Mehl von den Rändern einarbeiten. Schließlich kräftig rühren, bis ein fester gleichmäßiger Teig entstanden ist. 30 Minuten ruhen lassen.

**2** In der Zwischenzeit die Sauce zubereiten. Dafür die Walnüsse mit einem Mörser zerstoßen oder mit einem Mixstab pürieren. Überschüssiges Wasser aus dem Brot drücken, zu den Walnüssen geben, mit dem Knoblauch zu einer Paste vermischen und abschmecken.

**3** Unter Rühren das Öl in einem dünnen Strahl einfließen lassen. Ebenso den Essig und den Zitronensaft unterrühren. Die Sauce sollte eine cremige Konsistenz haben. Ist sie zu trocken geraten, etwas Wasser unterrühren.

**4** Reichlich Öl zum Frittieren in einem schweren Topf erhitzen.

**5** Jede Muschel durch den Bierteig ziehen, ins heiße Öl geben und goldbraun ausbacken. Mit dem Schaumlöffel herausnehmen und auf Küchenpapier gut abtropfen lassen.

**6** Die Muscheln auf Holzspieße gesteckt heiß servieren. Die Walnuss-Knoblauch-Sauce dazu reichen.

**Die Vorbereitung der rohen Muscheln** *erfordert Übung, an der es den Straßenhändlern nicht mangelt. Einfacher ist es, die Muscheln 3–4 Minuten zu dünsten, bis sie sich öffnen, um das Fleisch herauszulösen. Alternativ kauft man tiefgefrorenes Muschelfleisch, fertig vorbereitet.*

**Nährwerte je Portion** 439 kcal – 1827 kJ – 10 g Protein – 25 g Kohlenhydrate, davon 2 g Zucker – 33 g Fett, davon 4 g gesättigte Fettsäuren – 89 mg Cholesterin – 115 mg Calcium – 2 g Ballaststoffe – 502 mg Natrium

# *Sigara böreği* Börek mit Feta, Petersilie, Minze und Dill

Dieses klassische, zigarettenförmige Gebäck ist als Snack und *meze* ebenso beliebt wie als Knabberei. Diese hier werden mit Käse und Kräutern gefüllt, andere beliebte Füllungen sind Hackfleisch, Aubergine und Käse oder Kürbispüree, Käse und Dill. Der dünne Teig kann in Dreiecke gefaltet werden, aber die *sigara* ist die traditionelle Form. Sie können im Voraus vorbereitet und abgedeckt im Kühlschrank aufbewahrt werden, bevor Sie sie frittieren oder braten.

**ZUTATEN**

225 g *beyaz peynir*, Feta oder Schafskäse

1 großes Ei

je 1 kleiner Bund glatte Petersilie, Minze und Dill

4–5 Platten yufka

Sonnenblumenöl zum Frittieren

Dillzweige zum Garnieren

**ERGIBT 3–4 PORTIONEN**

**1** Käse, Ei, Petersilie und Minze in einer Schüssel mit einer Gabel zerdrücken.

**2** Den Yufka auf einer glatten trockenen Fläche ausbreiten. Mit einem feuchten Trockentuch bedecken und mit einem Blatt nach dem anderen arbeiten, damit der Teig nicht brüchig wird. Streifen von 10–13 cm Breite zurechtschneiden, übereinander stapeln und unter dem Tuch beiseitestellen.

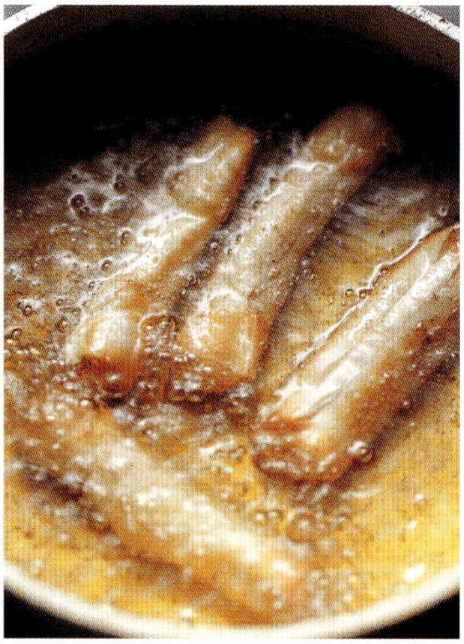

**Eine Blätterteigrolle**, kol böreği, *wird mit derselben Füllung und 400 g Blätterteig hergestellt. Den Blätterteig auslegen, die Füllung darauf verteilen und den Teig aufrollen. Dabei die Enden seitlich einschlagen, die Rolle auf ein gefettetes Backblech legen und mit einer Mischung aus Sonnenblumenöl und Eigelb bestreichen. Die Rolle schräg in Portionen teilen, aber nicht ganz durchschneiden. Im Ofen bei 180 °C 30 Minuten knusprig backen. Die Rolle komplett durchschneiden und sofort servieren.*

**3** Einen Yufkastreifen zurechtlegen, einen gehäuften Teelöffel der Käsemasse auf das kurze Ende eines Streifens geben.

**4** Die Ränder über die Mischung falten und alles zu einer festen Rolle wickeln.

**5** Das Ende der Rolle anfeuchten und gut andrücken, damit der *Sigara böreği* sich in der Pfanne nicht öffnet.

**6** Die fertige Teigzigarette beiseitestellen und auch mit einem feuchten Tuch bedecken. Mit den restlichen Teigstreifen ebenso verfahren, bis die Füllung aufgebraucht ist.

**7** Reichlich Öl in einer Pfanne erhitzen und die *Sigara börekleri* in 5–6 Minuten goldbraun anbraten. Aus der Pfanne nehmen und auf Küchenkrepp abtropfen lassen.

**8** Sofort heiß, mit etwas Dill garniert, servieren.

**Nährwert je Portion** 311 kcal – 1291 kJ – 12 g Protein – 11 g Kohlenhydrate, davon 2 g Zucker – 24 g Fett, davon 10 g gesättigte Fettsäuren – 92 mg Cholesterin – 278 mg Calcium – 2 g Ballaststoffe – 838 mg Natrium

# *Lahmacun* Hackfleischfladen

Dieser anatolische Snack ist eine großartige kulinarische Kreation. Der dünne, knusprige Boden wird mit leicht pikantem Lammhack gebacken und mit frischer Petersilie, *sumak* und einem Spritzer Zitronensaft zusammengerollt.

**FÜR DEN TEIG**

1 TL Trockenhefe

1/2 TL Zucker

150 ml lauwarmes Wasser

350 g Mehl (Typ 505)

1/2 TL Salz

einige Tropfen Sonnenblumenöl

**FÜR DIE FÜLLUNG**

1 EL Olivenöl

1 EL Butter

1 Zwiebel, fein gehackt

2 Knoblauchzehen, fein gehackt

225 g Lammhackfleisch

2 EL Tomatenmark

1 EL Zucker

1–2 TL *kırmızı biber*

1 TL getrocknete Minze

1–2 TL gemahlener *sumak*

1 Bund glatte Petersilie

Saft von 1 Zitrone

Salz und schwarzer Pfeffer, frisch gemahlen

**ERGIBT 2–4 PORTIONEN**

**1** Für den Teig die Hefe mit dem Zucker und etwas lauwarmem Wasser verrühren. Etwa 15 Minuten beiseitestellen, bis die Mischung schäumt.

**2** Das Mehl in eine große Schüssel sieben und das Salz unterrühren. Eine Mulde in die Mitte drücken, Hefemilch und das restliche Wasser hineinfüllen und mit den Händen zu einem Teig verarbeiten. Falls nötig, noch etwas Wasser dazugeben.

**3** Etwas Mehl auf eine glatte Fläche stäuben und den Teig einige Minuten gut durchkneten, bis er glatt und geschmeidig ist. Geben Sie einige Tropfen Öl auf Ihre Hände und reiben den Teig damit ein. Den Teig zurück in die Schüssel geben, mit einem feuchten Tuch bedecken und an einem warmen Ort 1 Stunde gehen lassen, bis er sein Volumen verdoppelt hat.

**4** Währenddessen Butter und Öl in einer Pfanne erhitzen. Knoblauch und Zwiebel darin glasig dünsten und in der Pfanne abkühlen lassen.

**5** Das Hackfleisch mit dem Tomatenmark in einer Schüssel gut vermischen. Zucker, *kırmızı biber*, Minze, Zwiebel und Knoblauch aus der Pfanne dazugeben und mit den Händen kräftig durchkneten. Mit Salz und Pfeffer abschmecken und bis zum Gebrauch in den Kühlschrank stellen.

**6** Ofen auf 220 °C vorheizen und Backblech darin vorwärmen. Den aufgegangenen Teig zurückschlagen, auf einer leicht bemehlten Fläche erneut glatt kneten und in zwei oder vier gleich große Stücke teilen. Jedes Stück zu einem runden dünnen Fladen ausrollen.

**7** Die runden Teigstücke auf die heißen, geölten Backbleche geben und dünn mit der Fleischmasse bestreichen. 15–20 Minuten backen. Der Teig sollte weich genug sein, um noch gerollt zu werden.

**8** Sobald die *lahmacun* fertig sind, mit Zitronensaft, *sumak* und Petersilie würzen, aufrollen und sofort mit den Händen essen.

**Nährwertangaben je Portion** 496 kcal – 2092 kJ – 20 g Protein – 75 g Kohlenhydrate, davon 8 g Zucker – 15 g Fett, davon 6 g gesättigte Fettsäuren – 51 mg Cholesterin – 167 mg Calcium – 4 g Ballaststoffe – 333 mg Natrium

# *Mantı* Teigtaschen

Die Teigpäckchen, die irgendwo zwischen chinesischen Klößchen und italienischer Pasta rangieren, sind in Anatolien als Snack beliebt. Die Kichererbsenfüllung ist für Vegetarier geeignet, ob als Snack oder als vollständige Mahlzeit.

**1** Das Mehl mit dem Salz in eine große Schüssel sieben und eine Mulde in die Mitte drücken. Das Ei mit dem Eigelb und 50 ml Wasser verquirlen und zugeben, alles gut vermischen.

**2** Den Teig 10 Minuten kneten, dann mit einem feuchten Tuch abdecken und 1 Stunde ruhen lassen.

**3** Kichererbsen zerdrücken, Kreuzkümmel, *kırmızı biber* oder das Paprikapulver zugeben. In einer anderen Schüssel den Joghurt mit dem Knoblauch mischen, abschmecken.

**4** Öl und Butter erhitzen, Zwiebel und Knoblauch darin weich dünsten. *Kırmızı biber* oder Chili, Zucker, Minze und Tomaten 15 Minuten köcheln lassen, bis die Sauce eindickt. Koriander dazugeben, abschmecken und beiseitestellen.

**5** Den Ofen auf 200 °C vorheizen. Den Teig auf einer bemehlten Fläche sehr dünn ausrollen und in Quadrate mit 2,5 cm Kantenlänge schneiden.

**6** Etwas Kichererbsenmischung auf jedes Teigstück setzen und die Ecken über der Füllung zusammendrücken. Die Päckchen in eine feuerfeste Form mit mindestens 3 cm Rand setzen und 15–20 Minuten goldbraun backen.

**7** Die Brühe aufkochen. Die *mantı*-Päckchen aus dem Ofen nehmen und mit Brühe übergießen.

**FÜR DEN TEIG**

**460 g Mehl (Type 550)**

**1/2 TL Salz**

**1 Ei**

**1 Eigelb**

**Salz und Pfeffer, frisch gemahlen**

**FÜR DIE FÜLLUNG**

**1 Dose (400 g) Kichererbsen, gewaschen und abgetropft**

**1 TL Kreuzkümmelsamen, zerstoßen**

**1 TL *kırmızı biber* oder Paprikapulver**

**FÜR DEN JOGHURT**

**6 EL cremiger Joghurt**

**2–3 Knoblauchzehen, zerstoßen**

**FÜR DIE SAUCE**

**1 EL Olivenöl**

**1 EL Butter**

**1 Zwiebel, fein gehackt**

**2 Knoblauchzehen, fein gehackt**

**1 TL *kırmızı biber* oder 1 frische Chili, entkernt und fein gehackt**

**1–2 TL Zucker**

**1–2 TL getrocknete Minze**

**400 g Tomatenstücke aus der Dose**

**600 ml Hühner- oder Gemüsebrühe**

**1 Bund frische glatte Petersilie, grob gehackt**

**1 Bund frischer Koriander, grob gehackt**

**ERGIBT 4–6 PORTIONEN**

**8** Die Form mit den Päckchen im Ofen weitere 15–20 Minuten backen, bis der Großteil der Brühe aufgesogen ist.

**9** Die Päckchen auf einer Platte anrichten, den Joghurt darübergeben, dann die heiße Tomatensauce über den Joghurt geben und mit Petersilie garniert servieren.

**Nährwerte je Portion** 416 kcal – 1760 kJ – 15 g Protein – 74 g Kohlenhydrate, davon 6 g Zucker – 9 g Fett, davon 3 g gesättigte Fettsäuren – 71 mg Cholesterin – 179 mg Calcium – 6 g Ballaststoffe – 360 mg Natrium

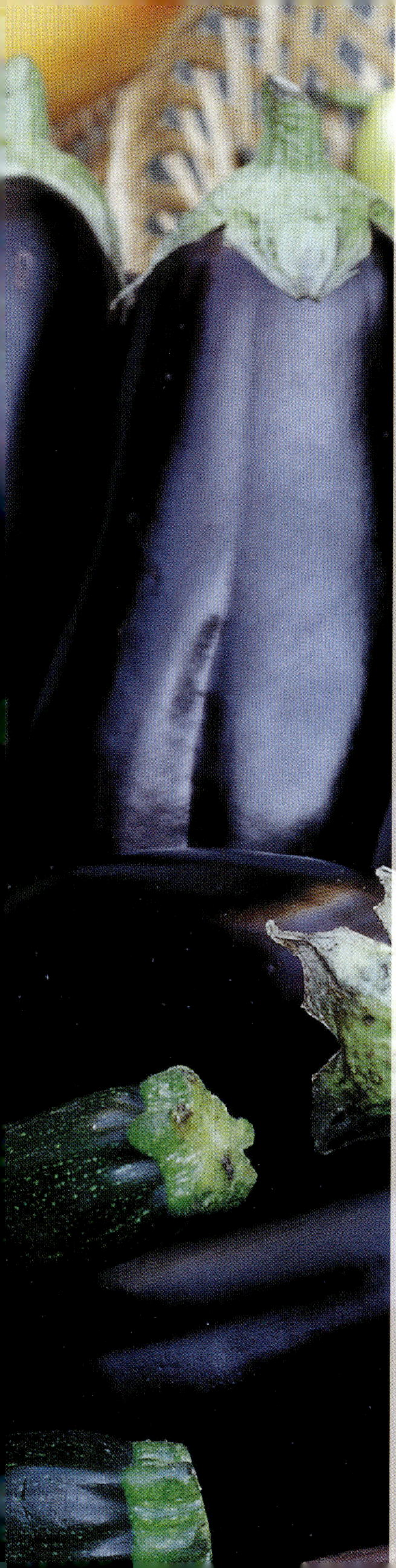

# VEGETARISCHE GERICHTE

Gebratene Auberginen mit Zwiebel-Tomaten-Füllung
*Imam bayıldı*

Gebackene Aubergine in Käsesauce
*Peynirli patlican*

Grüne Bohnen mit Tomaten und Dill
*Zeytinyağlı fasulye*

Karamellisierte Champignons mit Piment und Kräutern
*Mantar kızartma*

Artischocken mit Dicken Bohnen und Mandeln
*Zeytinyağlı enginar*

Karotten-Aprikosen-Frikadellen mit Minzjoghurt
*Havuç köftesi*

Gebackene Kartoffeln
*Patates bastısı*

Zucchini-Käse-Küchlein
*Kabak mucveri*

Gebackene Zucchini und Pfirsiche mit Pinienkernen
*Kabak kızartma*

Gefüllte Äpfel
*Elma dolması*

# Vegetarische Gerichte

Gemüse wird in der Türkei täglich frisch gekauft und auf oft einfache aber vielfältige Arten als *meze*, mit Reis oder Fleisch oder als eigenständige Mahlzeit mit einem Spritzer Zitrone und Joghurt zubereitet.

***Von links nach rechts** Geriebener Käse, Karamellisierte Champignons, Pinienkerne*

Die türkische Gemüseküche folgt den Jahreszeiten. Im Winter und Frühjahr ist im Süden die große Zeit der langen, eleganten, roten Karotten, die gerieben als Salat oder mit Nüssen gekocht als *cezerye* zubereitet werden, einer Art *helva* aus Gaziantep. Die Küchen im Norden des Landes verströmen das süße Aroma in Sirup gekochter Kürbiswürfel für das köstliche Dessert *bal kabağı tatlısı*. Ab dem Frühsommer reift die weißfleischige knackige Zucchini, oft mit ihrer großen gelben Blüte, während die Lieblingsfrucht des Sommers, die Aubergine, zu ihrer Zeit in unzähligen Variationen zubereitet wird. Der Marktbesuch gehört in vielen türkischen Haushalten zur alltäglichen Routine. Das nimmt Zeit in Anspruch, aber das Aussuchen der Ware und das Feilschen zeigt die Wertschätzung gegenüber guten und frischen Lebensmitteln. Das Angebot bestimmt den Speiseplan. Sind Dicke Bohnen erhältlich, kann man daran nicht vorbeigehen, ebensowenig wie an festen Artischockenköpfen. Gurken werden oft schon auf dem Markt geschält und gleich als Snack verzehrt oder zu Hause klein geschnitten und nebenbei geknabbert. Auch riesiger Romanasalat wird gern gekauft und auf der heimischen Tafel in einen Krug mit Wasser gesetzt, sodass jeder sich ein knackiges Blatt nehmen kann.

Alle Gemüsearten werden in ihrer Saison frisch verzehrt, manche auch als Pickles oder Konfitüren eingemacht. Die einzigartigen Konfitüren aus festen Pflaumentomaten oder ganzen Baby-Auberginen werden in Anatolien zum Brot oder als Snack zwischendurch gereicht. Ob in Salat oder in Öl gedünstet und kalt verzehrt, ob gefüllt und gebacken oder gebraten, frittiert oder gegrillt, Gemüse gibt es immer. Frittierte Auberginen, Zucchini und Paprika wie der *çarliston biber*, der wie ein türkischer Pantoffel geformt ist, werden mit einer Sauce aus Joghurt, Knoblauch und einem Spritzer Essig serviert. In der Palastküche werden für die eleganten *zeytinyağlı*-Gerichte verschiedene Gemüsesorten in Olivenöl gebacken und bei Zimmertemperatur serviert. Sie sind besonders in Istanbul sehr beliebt.

*Dolma* bedeutet gefülltes Gemüse, eigentlich sogar alles, was gefüllt ist, wie auch *dolmuş* ein

überfülltes Taxi sein kann. Wenn ein Gemüse keine natürliche Höhlung besitzt, die man füllen kann, schaffen die Türken eine, wie bei der Aubergine, deren Fruchtfleisch von Kennern ausgedrückt wird, ohne die Schale zu beschädigen. Auch Obst wie Äpfel, Pflaumen oder Zwetschgen werden gefüllt, Kohl- oder Weinblätter umhüllen Reisfüllungen, deren beliebteste mit Pinienkernen, Korinthen und Kräutern gemischt ist. Gemüse kann auch mit Mischungen aus Reis und Fleisch gefüllt werden.

Gemüse spielt eine große Rolle in einem Land, in dem die Menschen ein geradezu pathologisches Interesse an gesundheitsfördernden Wirkstoffen haben. Auf Märkten sind getrocknete Arzneikräuter und Gemüse einschließlich ihrer Samen und Wurzeln oft neben frischer Ware zu finden. Auberginen sollen gegen Eierstockentzündungen helfen, Zucchini gegen Darmparasiten, Zwiebeln gegen Geschwüre, Kohl gegen Bauchweh, Knoblauch ist gut für den Kreislauf und das allgemeine Wohlbefinden, und so weiter. Während der Zeit der Seldschuken und Osmanen wurden die Rezepte an den Prinzipien von Yin und Yang ausgerichtet, die besagen, dass einige Gemüsesorten das Blut wärmen und andere es kühlen. Daher ist die türkische Küche mit vielen gesunden Gemüsegerichten gesegnet, die als *meze*, Salate oder vegetarische Mahlzeiten serviert werden.

Purpurrote Karotten, rote Zwiebel, gedrehte Chili, Auberginen in der Form von Boxhandschuhen oder schlank und lang wie ein Unterarm, reife Tomaten, rot-grüne Äpfel und aromatische Quitten, stapelweise Weinblätter, körbeweise Kräuter, riesenhafte Kürbisse, grüne und weiße Zucchini mit gelben Blüten, fingerlange Okraschoten, Riesenkohlköpfe, Lauch so groß wie Baseballschläger – türkische Märkte bieten farbenprächtiges Gemüse in Hülle und Fülle. Täglich frisch aus den fruchtbaren Ebenen in die Städte geliefert, wartet es nur darauf, gefüllt, gedünstet, gebacken, gekocht, in Fleischeintöpfen geschmort oder rein vegetarisch zubereitet zu werden und in der Palastküche als *zeytinyağli*-Gerichte die Vollendung zu erfahren.

***Von links nach rechts***
*Aubergine, Artischocken mit Dicken Bohnen, Zucchini*

# *Imam bayıldı* Gebratene Auberginen mit Zwiebel-Tomaten-Füllung

Ob der Imam vor Schreck oder vor Wonne in Ohnmacht fiel, angesichts der Menge an Olivenöl in diesem Gericht, ist nicht überliefert, aber es trägt tatsächlich den Namen: Der Imam fiel in Ohnmacht. In manchen Rezepten werden die Auberginen gebacken – aber so richtig auf der Zunge zergehen sie nur, wenn sie lange und sacht geschmort werden. Das Gericht eignet sich als *meze* oder mit einem grünen Salat als ganze Mahlzeit.

**ZUTATEN**

**2 große Auberginen**

**Sonnenblumenöl zum Braten**

**je 1 Bund glatte Petersilie und Dill**

**1 große Zwiebel, halbiert und in dünne Ringe geschnitten**

**3 Tomaten, gehäutet und fein gehackt**

**2–3 Knoblauchzehen, zerdrückt**

**1 TL Salz**

**150 ml Olivenöl**

**Saft von 1/2 Zitrone**

**1 EL Zucker**

**Zitronenspalten zum Servieren**

**ERGIBT 4–6 PORTIONEN**

**1** Die Auberginen längs streifig schälen und 5 Minuten in einer Schüssel mit kaltem Salzwasser ziehen lassen. Herausnehmen und trocknen.

**2** Mit etwa 1/2 cm Sonnenblumenöl den Boden einer schweren Pfanne bedecken. Das Öl erhitzen und in 3–5 Minuten die Auberginen von allen Seiten anbraten, sodass sie etwas weich werden.

**3** Die Auberginen tief aufschlitzen, aber nicht durchschneiden, Stiel und Ende nicht abschneiden.

**4** Einige Dillzweige und Petersilienblätter zum Garnieren aufbewahren. Den Rest hacken und mit der Zwiebel, den Tomaten und dem Knoblauch mischen. Salzen und mit etwas Olivenöl beträufeln.

**5** Mit der Mischung die Auberginen füllen, fest hineindrücken, sodass alles hineinpasst.

**6** Die gefüllten Auberginen dicht nebeneinander in einen tiefen schweren Topf setzen. Das restliche Olivenöl mit 50 ml Wasser und dem Zitronensaft mischen und die Auberginen damit begießen. Den Zucker darüberstreuen.

**7** Den Topf mit einem Deckel verschließen und alles erhitzen. Bei kleiner Flamme für 1–2 Stunden sanft köcheln lassen. Sie sollten weich und zart sein, das Öl sollte nicht vollkommen absorbiert sein.

**8** Im Öl abkühlen lassen. Auf einer Platte anrichten, mit dem restlichen Öl beträufeln, mit Dill und Petersilie garnieren und mit den Zitronenspalten servieren.

**Die gebackene Variante** *folgt den Schritten 1–4. Dann die Auberginen in eine feuerfeste Form setzen, das restliche Öl mit dem Zitronensaft darüberträufeln, mit Folie abdecken und im Ofen bei 180 °C ca. 45 Minuten backen. Die Folie entfernen, etwas geriebenen Parmesan über die Auberginen geben und nochmals 15 Minuten backen, bis sie gebräunt sind. Heiß servieren.*

**Nährwert je Portion** 407 kcal – 1680 kJ – 3 g Protein – 17 g Kohlenhydrate, davon 14 g Zucker – 37 g Fett, davon 5 g gesättigte Fettsäuren – 0 mg Cholesterin – 67 mg Calcium – 5 g Ballaststoffe – 507 mg Natrium

# *Peynirli patlican*

## Gebackene Auberginen in Käsesauce

Das ursprüngliche Rezept *Hünkar beğendi* stammt aus der Palastküche und wird mit Lamm und Tomate auf einem Bett aus Auberginen in Käsesauce zubereitet. Diese vegetarische Variante ist wärmend, nahrhaft und besonders bei Kindern sehr beliebt. Als Beilage passt knuspriges Brot und ein frischer grüner Salat dazu.

**ZUTATEN**

**2 große Auberginen**

**50 g Butter**

**2 EL Mehl**

**600 ml Milch**

**115 g geriebener pikanter Käse**

**Salz und schwarzer Pfeffer, frisch gemahlen**

**geriebener *kaşar peynir* oder Parmesan zum Überbacken**

**ERGIBT 4–6 PORTIONEN**

**1** Den Ofen auf 200 °C vorheizen. Die Auberginen über der offenen Flamme des Gasherds oder unter dem Ofengrill rösten, dabei mehrfach wenden. Wenn die Haut schwarz und das Fleisch weich ist, die Auberginen für einige Minuten in eine Plastiktüte legen.

**2** Die Auberginen unter kaltem Wasser abspülen und die geröstete Schale ablösen.

**3** Die Auberginen ausdrücken, den Stiel entfernen und das Fruchtfleisch fein hacken.

**4** Die Butter schmelzen, vom Herd nehmen und das Mehl einrühren. Die Milch zugeben und unter ständigem Rühren bei mittlerer Hitze köcheln, bis die Sauce sämig ist.

**5** Nach und nach den Käse sowie das Auberginenpüree zugeben und mit Salz und Pfeffer abschmecken.

**6** Die Mischung in eine Auflaufform füllen und *kaşar peynir* oder Parmesan darüberstreuen.

**7** 25 Minuten überbacken, bis die Oberfläche gebräunt ist.

**Nährwerte je Portion** 322 kcal – 1344 kJ – 14 g Protein – 15 g Kohlenhydrate, davon 9 g Zucker – 23 g Fett, davon 15 g gesättigte Fettsäuren – 63 mg Cholesterin – 415 mg Calcium – 2 g Ballaststoffe – 350 mg Natrium

# Zeytinyağlı fasulye

## Grüne Bohnen mit Tomaten und Dill

Als *meze* wird dieses Gericht bei Zimmertemperatur serviert, es schmeckt aber genauso gut warm als Beilage zu gegrilltem oder gebratenem Geflügel oder Fleisch. In der Hochsaison der Schwertbohnen liebt man es sogar als Hauptgericht mit einem Klacks Joghurt und knusprigem, warmem Brot. Der frische Dill gibt dem Gericht den besonderen Pfiff, auch das Olivenöl gehört untrennbar dazu. Ebenso wie Lauch, Knollensellerie, Artischocken oder Borlottibohnen sind diese Gerichte in Olivenöl ein Erbe der osmanischen Palastküche.

**ZUTATEN**

1–2 Zwiebeln, grob gehackt

2 Knoblauchzehen, grob gehackt

2–3 EL Olivenöl

500 g grüne Bohnen, in mundgerechte Stücke geschnitten

1 EL Zucker

Saft von 1 Zitrone

800 g Tomatenstücke (aus der Dose)

1 Handvoll frischer Dill, grob gehackt

Salz und schwarzer Pfeffer, frisch gemahlen

**ERGIBT ALS HAUPTGERICHT 4 PORTIONEN**

**1** Öl in einem Topf erhitzen, Zwiebeln und Knoblauch bei schwacher Hitze weich dünsten. Die Bohnen dazugeben, gut verrühren. Zucker und Zitronensaft ebenfalls gut unterrühren.

**2** Die Tomaten dazugeben, zum Kochen bringen, die Hitze reduzieren und den Dill hineinstreuen. 35–40 Minuten sacht köcheln lassen, bis die Bohnen weich und zart sind und die Tomatensauce eingedickt ist. Mit Salz und Pfeffer würzen, in kleinen Schüsseln mit etwas Dill bestreut servieren.

**Nährwert je Portion** 141 kcal – 588 kJ – 5 g Protein – 17 g Kohlenhydrate, davon 14 g Zucker – 7 g Fett, davon 1 g gesättigte Fettsäuren – 0 mg Cholesterin – 75 mg Calcium – 6 g Ballaststoffe – 20 mg Natrium

**ZUTATEN**

3 EL Olivenöl

1 EL Butter

450 g kleine weiße Champignons

3–4 Knoblauchzehen, fein gehackt

2 TL Pimentkörner, zerstoßen

2 TL Koriandersamen

1 TL getrocknete Minze

1 Bund frischer Salbei, gehackt

1 Bund frische glatte Petersilie, gehackt

Salz und schwarzer Pfeffer, frisch gemahlen

Zitronenspalten

**ERGIBT 4–6 PORTIONEN**

**Kleine, ganze Champignons** *sind ideal für dieses Gericht, da sie nicht viel Flüssigkeit verlieren. Die Champignons nicht waschen, sondern mit einem Tuch vorsichtig säubern.*

# *Mantar kızartma*

## Karamellisierte Champignons mit Piment und Kräutern

Kleine Champignons karamellisieren hervorragend in ihrem eigenen Saft und bleiben dabei saftig und aromatisch. Als Beilagen zu Lamm oder Leber oder als *meze* mit Brot findet man sie überall. Auf geröstetem Brot mit einem Salat sind sie als leichtes Mittagessen ebenso geeignet. In der Türkei nimmt man Gewürze und Kräuter, die gerade zur Hand sind – machen Sie es ebenso.

**1** Das Öl und die Butter in einer großen Pfanne erhitzen und die Champignons mit dem Knoblauch, dem Piment und dem Koriander darin anbraten. Zugedeckt ca. 10 Minuten dünsten, bis die Champignons karamellisieren.

**2** Die Minze mit etwas Salbei und Petersilie zugeben und ohne Deckel ca. 5 Minuten dünsten, bis die Flüssigkeit fast verdampft ist. Mit Salz und Pfeffer abschmecken.

**3** Die Champignons in eine Schüssel geben, mit Salbei und Petersilie bestreuen und mit Zitronenspalten servieren.

**Nährwerte je Portion** 125 kcal – 517 kJ – 3 g Protein – 1 g Kohlenhydrate, davon 1 g Zucker – 12 g Fett, davon 3 g gesättigte Fettsäuren – 8 mg Cholesterin – 58 mg Calcium – 3 g Ballaststoffe – 37 mg Natrium

# *Zeytinyağlı enginar* Artischocken mit Dicken Bohnen und Mandeln

Im Frühsommer gibt es ein großes Angebot an Artischocken, die die Türken gern in viel Olivenöl zubereiten. Oft hat der Händler die Blütenstände bereits vorbereitet, die zarten Böden warten nur darauf, mit frischen Bohnen, Möhrenstücken, Kartoffeln, Schalotten oder Erbsen gefüllt zu werden. Dill gehört immer dazu. Fertige, tiefgefrorene Artischockenböden sind in einigen Supermärkten oder Spezialitätengeschäften erhältlich. Falls nicht, folgen Sie der Anleitung weiter unten. Gefüllte Artischocken werden als Vorspeise oder Beilage serviert.

**ZUTATEN**

**175 g Dicke Bohnen, enthülst**

**4 große Artischockenböden**

**120 ml Olivenöl**

**Saft von 1 Zitrone**

**2 TL Zucker**

**75 g Mandeln, gehäutet**

**1 Bund frischer Dill, gehackt**

**2 Tomaten, gehäutet, entkernt und gewürfelt**

**Salz**

**ERGIBT 4–6 PORTIONEN**

**1** Die Dicken Bohnen in Salzwasser aufkochen, dann 10–15 Minuten gar köcheln lassen. Unter kaltem Wasser abschrecken und häuten.

**2** Die Artischockenböden in einen großen Topf geben und mit dem Olivenöl, dem Zitronensaft und 50 ml Wasser übergießen. Zugedeckt ca. 20 Minuten köcheln lassen, dann den Zucker, die Mandeln und die Dicken Bohnen zugeben. Nochmals zugedeckt ca. 10 Minuten köcheln, bis die Artischockenböden zart sind. Die Hälfte des Dills zugeben, mit Salz abschmecken und vom Herd nehmen. Alles im Topf abkühlen lassen.

**3** Die Artischockenböden aus dem Topf nehmen und je einen auf einen Teller setzen. Die Dicken Bohnen und Mandeln mit den Tomaten mischen und auf die Artischockenböden geben. Mit dem restlichen Dill garnieren und bei Zimmertemperatur servieren.

**Artischocken** *sind Blumen und sollten bis zur Verwendung in Wasser stehen. Für dieses Gericht die Stängel abschneiden und die Blätter abziehen. Das Heu aus der Mitte entfernen und harte Stellen vom Artischockenboden mit einem scharfen Messer abschneiden, dann mit einer Mischung aus Zitronensaft und Salz einreiben, damit sie sich nicht verfärben.*

**Mandeln** *werden gehäutet, indem sie mit kochendem Wasser übergossen und einige Minuten eingeweicht werden. Die Haut lässt sich dann mit den Fingern abreiben. Liegen die Mandeln 24 Stunden im Wasser, werden sie sogar selbst weich.*

**Nährwerte je Portion** 351 kcal – 1455 kJ – 8 g Protein – 13 g Kohlenhydrate, davon 8 g Zucker – 30 g Fett, davon 4 g gesättigte Fettsäuren – 0 mg Cholesterin – 110 mg Calcium – 6 g Ballaststoffe – 29 mg Natrium

# *Havuç köftesi* Karotten-Aprikosen-Frikadellen mit Minzjoghurt

Diese ausgefallenen Frikadellen, süß und aromatisch, sind in Istanbul und Izmir sehr beliebt, im Rest des Landes dagegen leider kaum zu finden. Mit Salat und warmem Brot ergeben sie eine Hauptmahlzeit, als kleine Bällchen auf Zahnstocher gespießt sind sie eine köstliche Knabberei für zwischendurch.

**ZUTATEN**

**8–10 Karotten, in grobe Stücke geschnitten**

**2–3 Scheiben altbackenes Brot, zerkrümelt**

**4 Frühlingszwiebeln, fein gehackt**

**150 g getrocknete Aprikosen, fein gehackt oder in feine Streifen geschnitten**

**3 EL Pinienkerne**

**1 Ei**

**1 TL *kırmızı biber***

**1 frische rote Chili, entkernt und fein gehackt**

**1 Bund Dill, gehackt**

**1 Bund Basilikum, fein geschnitten**

**Salz und schwarzer Pfeffer, frisch gemahlen**

**Mehl zum Bestäuben**

**Sonnenblumenöl zum Braten**

**Zitronenspalten zum Servieren**

**FÜR DEN MINZJOGHURT**

**225 g fester Joghurt *(süzme)***

**Saft von 1/2 Zitrone**

**1–2 Knoblauchzehen, zerdrückt**

**1 Bund frische Minze, fein gehackt**

**ERGIBT 4 PORTIONEN**

**1** Die Karottenstücke ca. 25 Minuten in wenig Wasser sehr weich dünsten. Nicht kochen, sie verlieren sonst ihre schöne Farbe und ihre natürliche Süße.

**2** In der Zwischenzeit den Minzjoghurt zubereiten. Dafür den Joghurt in einer Schüssel mit dem Zitronensaft und dem Knoblauch verrühren. Mit Salz und Pfeffer würzen und die Minze unterrühren. Beiseitestellen.

**3** Karotten in einer Schüssel zerdrücken. Die Brotkrumen, Frühlingszwiebeln, Aprikosen und Pinienkerne unterrühren. Das Ei dazuschlagen, *kırmızı biber* und die Kräuter hineingeben und alles vermischen. Mit Salz und Pfeffer abschmecken.

**4** Ein wenig Mehl auf die Arbeitsplatte geben. Jeweils einen Esslöffel der Masse zu kleinen Rollen formen. Ist die Masse zu klebrig, etwas mehr Brotkrumen in die Masse geben oder die Hände anfeuchten.

**5** Die *köfte* im Mehl wälzen und beiseitestellen.

**6** Sonnenblumenöl in einer schweren Pfanne erhitzen und die *köfte* darin in 8–10 Minuten von allen Seiten goldbraun braten.

**7** Aus der Pfanne nehmen und auf Küchenkrepp abtropfen lassen. Die *köfte* heiß mit den Zitronenspalten und dem Minzjoghurt servieren.

**Nährwert je Portion** 401 kcal – 1673 kJ – 9 g Protein – 46 g Kohlenhydrate, davon 29 g Zucker – 22 g Fett, davon 3 g gesättigte Fettsäuren – 48 mg Cholesterin – 144 mg Calcium – 9 g Ballaststoffe – 145 mg Natrium

# *Patates bastısı*

## Gebackene Kartoffeln mit Tomaten, Oliven, Schafskäse und Oregano

Aus Westanatolien kommt dieses schmackhafte Gericht, das als Beilage zu Fleisch, Geflügel oder Fisch gereicht wird oder mit Salat und Joghurt als Hauptmahlzeit beliebt ist.

**ZUTATEN**

675 g neue Kartoffeln

1 EL Butter

3 EL Olivenöl, zzgl. etwas zum Beträufeln

2 rote Zwiebeln, halbiert und in feine Ringe geschnitten

3–4 Knoblauchzehen, zerdrückt

1–2 TL Kreuzkümmelsamen

1–2 TL *kırmızı biber* oder eine frische Chili, entkernt und gehackt

2 TL getrockneter Oregano

2 TL Zucker

1 EL Weißweinessig

400 g Tomatenstücke (aus der Dose)

12–16 schwarze Oliven

115 g *beyaz peynir*, Feta oder Schafskäse, zerkrümelt

Salz und schwarzer Pfeffer, frisch gemahlen

1 Zitrone in Spalten geschnitten

**ERGIBT 4–6 PORTIONEN**

**1** Den Ofen auf 200 °C vorheizen. Die Kartoffeln in einem Topf mit Wasser bedecken, auf dem Herd zum Kochen bringen und in 15–20 Minuten nicht zu weich garen. Unter fließendem kalten Wasser abspülen, pellen und in mundgerechte Stücke schneiden.

**2** Die Butter und 2 EL des Öls in einer Pfanne erhitzen, Zwiebeln und Knoblauch darin weich dünsten. Kreuzkümmel, *kırmızı biber* oder Chili, das meiste des Oreganos (etwas zur Garnierung zurücklegen) und den Zucker einrühren. Dann den Essig angießen, die Tomaten dazugeben und mit Salz und Pfeffer würzen.

**3** Kartoffeln mit den Oliven in eine ofenfeste Form geben und die scharfe Tomatensauce darübergeben. Den Schafskäse darüberstreuen und mit dem restlichen Oregano bestreuen. Mit dem restlichen Öl einpinseln und 25–30 Minuten backen.

**4** Heiß mit den Zitronenspalten servieren.

**Nährwert je Portion** 243 kcal – 1016 kJ – 6 g Protein – 28 g Kohlenhydrate, davon 9 g Zucker – 13 g Fett, davon 5 g gesättigte Fettsäuren – 19 mg Cholesterin – 102 mg Calcium – 3 g Ballaststoffe – 447 mg Natrium

# *Kabak mucveri*

## Zucchini-Käse-Küchlein

Die kleinen Küchlein sind als herzhafter Snack, kleine Knabberei, als Vorspeise, Mittag- oder Abendessen gleichermaßen beliebt. Wenn Sie etwas mehr Feuer auf der Zunge mögen, nehmen Sie eine größere Menge *kırmızı biber* oder Chili.

**ZUTATEN**

3 feste Zucchini

2–3 EL Olivenöl

1 große Zwiebel, halbiert und in feine Streifen geschnitten

4 Knoblauchzehen, zerdrückt

3 EL Mehl

3 Eier

225 g *beyaz peynir,* Feta oder Schafskäse, zerdrückt

je 1 großer Bund Petersilie, Dill, Minze, grob gehackt

1 TL *kırmızı biber*

Sonnenblumenöl zum Braten

Salz und schwarzer Pfeffer, frisch gemahlen

einige Minzblätter zum Garnieren

**ERGIBT 6 PORTIONEN**

**1** Die Zucchini in eine Schüssel reiben, mit Salz bestreuen und 5 Minuten ziehen lassen.

**2** Das Wasser mit den Händen oder in einem Trockentuch aus den Zucchini pressen. Etwas Öl in einer Pfanne erhitzen, die Zucchini mit dem Knoblauch und der Zwiebel andünsten, bis sie etwas Farbe angenommen haben. In der Pfanne beiseitestellen.

**3** Das Mehl in eine Schüssel geben, die Eier aufschlagen und hineingleiten lassen und alles gut miteinander verquirlen. Die lauwarme Zucchinimischung, den Käse, Kräuter und *kırmızı biber* dazugeben und mit Salz und Pfeffer würzen.

**4** Reichlich Öl in der Pfanne erhitzen. Mit dem Löffel etwas vom Teig hineingeben und in 6–8 Minuten die kleinen Küchlein goldbraun braten.

**5** Aus der Pfanne nehmen und auf Küchenkrepp abtropfen lassen.

**6** Mit Minzblättchen garnieren und noch heiß servieren.

**Nährwert je Portion** 327 kcal – 1354 kJ – 12 g Protein – 12 g Kohlenhydrate, davon 5 g Zucker – 26 g Fett, davon 8 g gesättigte Fettsäuren – 121 mg Cholesterin – 214 mg Calcium – 2 g Ballaststoffe – 581 mg Natrium

# Kabak kızartma

## Gebackene Zucchini und Pfirsiche mit Pinienkernen

Gerichte aus verschiedenen frittierten oder gegrillten Gemüsesorten mit Joghurt-, Nuss- oder Sesamsauce sind überall in der Türkei beliebt. Meist werden Zucchini, Auberginen oder Karotten dafür in einer Teighülle frittiert, hier aber verbinden sich Gemüse und Obst zu einer farbenfrohen Kombination, die im Ofen gebacken und mit Joghurt-, *tarator*- oder *tahin*-Sauce genossen wird. Warmes Brot ergänzt das Gericht zur Hauptmahlzeit, sonst passt es als Beilage zu gegrilltem oder gebratenem Fleisch oder Geflügel.

**ZUTATEN**

2 Zucchini

2 gelbe oder rote Paprikaschoten, entkernt und in mundgerechte Stücke geschnitten

100 ml Olivenöl

4–6 Pflaumentomaten

2 festfleischige Pfirsiche, gehäutet und geachtelt

2 EL Pinienkerne

Salz und schwarzer Pfeffer, frisch gemahlen

**FÜR DIE JOGHURTSAUCE**

500 g cremiger Joghurt

2–3 Knoblauchzehen, zerstoßen

Saft von 1/2 Zitrone

**ERGIBT 4 PORTIONEN**

**1** Den Ofen auf 200 °C vorheizen. Die Zucchini mit einem Sparschäler längs streifig schälen, längs halbieren und in Stücke schneiden.

**2** Die Zucchini und die Paprikastücke in eine feuerfeste Form legen, das Öl darüberträufeln und salzen, dann 20 Minuten backen.

**3** Die Form aus dem Ofen nehmen, die Gemüsestücke im Öl schwenken, die Tomaten und Pfirsiche zugeben. Nochmals 20–25 Minuten goldbraun backen.

**4** Den Joghurt mit dem Knoblauch und dem Zitronensaft mischen, mit Salz und Pfeffer abschmecken und beiseitestellen.

**5** Die Pinienkerne in einer Pfanne ohne Öl goldbraun rösten.

**6** Das fertige Gemüse aus dem Ofen nehmen, mit Pinienkernen bestreuen und mit der Joghurtsauce servieren.

***Tahin-Sauce** als Alternative zum Joghurt wird aus 2 EL Sesampaste, 1 EL Zitronensaft und 1 EL Wasser gemischt. Dazu kommt etwas zerstoßener Knoblauch und Chilipulver nach Belieben. Mit Salz und Pfeffer abschmecken.*

**Nährwerte je Portion** 362 kcal – 1507 kJ – 12 g Protein – 27 g Kohlenhydrate, davon 26 g Zucker – 24 g Fett, davon 4 g gesättigte Fettsäuren – 2 mg Cholesterin – 284 mg Calcium – 5 g Ballaststoffe – 120 mg Natrium

# *Elma dolması* Gefüllte Äpfel

Gemüse und Obst mit einer herzhaften Pilaw-Füllung sind der Renner in der Türkei. Gefüllt wird alles, was eine natürliche Höhlung besitzt – gibt es keine, macht man eine. Auberginen, Zucchini, Tomaten, Äpfel und Pflaumen werden mit aromatischem Reis oder einer Reis-Hackfleisch-Mischung gefüllt. Die Äpfel in diesem Rezept können Sie durch anderes Obst oder Gemüse ersetzen oder verschiedene Sorten als Büffet anrichten.

**ZUTATEN**

4 säuerliche, feste Backäpfel

2 EL Olivenöl

Saft von 1/2 Zitrone

2 TL Zucker

Salz und schwarzer Pfeffer, frisch gemahlen

**FÜR DIE FÜLLUNG**

2 EL Olivenöl

1 TL Butter

1 Zwiebel, fein gehackt

2 Knoblauchzehen

2 EL Pinienkerne

2 EL Korinthen, in warmes Wasser 10 Minuten eingeweicht und abgetropft

1–2 TL gemahlener Zimt

1–2 TL gemahlener Piment

1 TL Zucker

175 g Rundkornreis, gewaschen und abgetropft

1 Bund frische glatte Petersilie, fein gehackt

1 Bund frischer Dill, fein gehackt

**ZUM GARNIEREN**

1 Tomate

1 Zitrone

einige Minz- oder Basilikumblättchen

**ERGIBT 4 PORTIONEN**

**1** Das Öl und die Butter erhitzen und die Zwiebel und den Knoblauch darin weich dünsten. Die Korinthen und die Pinienkerne zugeben und dünsten, bis die Pinienkerne goldbraun sind.

**2** Die Gewürze, den Zucker und den Reis zugeben und mischen. Wasser zugießen, bis es ca. 1–2 cm hoch über dem Reis steht und aufkochen. Salz und Pfeffer zugeben, umrühren und bei mittlerer Hitze ca. 10 Minuten köcheln lassen, bis das Wasser aufgenommen ist.

**3** Den Ofen ausschalten und die Kräuter zugeben. Den Topf mit einem trockenen Geschirrtuch und dem Deckel schließen und 5 Minuten ruhen lassen.

**4** Den Ofen auf 200 °C vorheizen. Das Stielende der Äpfel abschneiden, das Kerngehäuse entfernen und etwas Fruchtfleisch ausschneiden, damit eine Höhlung entsteht.

**5** Die Reismischung in die Äpfel füllen, die Stielenden auflegen und die Äpfel in eine feuerfeste Form stellen.

**6** 100 ml Wasser mit dem Öl, dem Zitronensaft und dem Zucker mischen und über die Äpfel gießen, diese dann 30–40 Minuten weich backen.

**7** Die Äpfel mit Kräuterblättchen garnieren und mit Tomaten- und Zitronenspalten servieren.

**Nährwerte je Portion** 382 kcal – 1595 kJ – 5 g Protein – 54 g Kohlenhydrate, davon 19 g Zucker – 17 g Fett, davon 2 g gesättigte Fettsäuren – 0 mg Cholesterin – 26 mg Calcium – 2 g Ballaststoffe – 4 mg Natrium

# PILAWS, BOHNEN UND LINSEN

Eintopf aus Augenbohnen mit Wurst
*Börülce güveç*

Karotten und Linsen mit Salbei
*Zeytinyağlı havuç*

Borlottibohnen in Olivenöl
*Zeytinyağlı barbunya*

Anatolischer Bulgur mit Nüssen und Datteln
*Anadolu pilavı*

Mit Aprikosenpilaw gefüllter Kürbis
*Kabak dolması*

Auberginenpilaw mit Zimt und Minze
*Patlıcanlı pilav*

Sardellenpilaw
*Hamsili pilav*

Kichererbsenpilaw
*Sultan Reşat pilavı*

Sauerkirschenpilaw
*Vişneli pilav*

# Pilaws, Bohnen und Linsen

Reis, Getreide, Bohnen- und Linsengerichte sind sowohl die Basis großartiger Festessen als auch die Grundnahrungsmittel des Kleinen Mannes – bei den einen als Beilage oder Zwischengericht, bei den anderen als Hauptmahlzeit.

Die Türken essen täglich Reis, Bulgur (Weizengrütze), Bohnen und Linsen, aber das war nicht immer so. Zwar sind Bulgur und Bohnen in Anatolien seit alters her bekannt, aber der Reis ist relativ neu in der Region. Der Reis gelangte mit türkischen Stämmen von China und Indien nach Persien, aber das hatte auf Anatolien oder Konstantinopel keinen Einfluss. Erst die Osmanen importierten größere Mengen aus Ägypten. In Anatolien spielt der teure Reis nach Bulgur und Couscous nur die zweite Geige, aber die Hauptrolle in Ankara, Istanbul, Izmir und der westlichen Türkei.

Der türkische Pilaw stammt vermutlich vom persischen *pulaw*, hat sich aber als eigenes Gericht entwickelt und im ganzen Land über alle Unterschiede hinweg durchgesetzt. Keine Hochzeitsfeier ist ohne ein Pilaw denkbar, auch nicht ohne *zerde*, ein geleeartiger Reispudding mit Safran.

Reispilaw ist eine bekannte türkische Spezialität, aber in Anatolien ist der Pilaw mit Bulgur ebenso beliebt. Gemüse und Fleisch – Erbsen, Karotten, Hühnchen und Lamm – machen aus dem Reis oder Bulgur ein Hauptgericht, Leber ist das Geheimnis des berühmten *iç pilav* aus Istanbul.

Ein Pilaw, der kalt serviert werden soll, wie der beliebte Auberginenreis in Istanbul, wird üblicherweise mit Olivenöl zubereitet. Manche Pilaws werden mit Reisnudeln gekocht, besonders zur Freude der Kinder. Trockenbohnen, Erbsen, Kichererbsen und Linsen gehören wie beim *Sultan Reşat pilavı*, dem Kichererbsenpilaw des Sultans, dazu. Farbe und Aroma bekommen Pilaws durch Korinthen, geröstete Nüsse oder getrocknete Aprikosen, Datteln oder Feigen. Nach den Regeln der *Topkapı*-Palastküche wird ein Pilaw nach dem Dessert serviert, um den Gaumen vom süßen Geschmack zu befreien.

Das Reiskochen wird als Kunstform betrachtet. Die Reiskörner müssen weich aber noch etwas bissfest sein und die Aromen der Zutaten gut aufgenommen haben. Die Reis-

***Von links nach rechts*** *Eintopf aus Augenbohnen, Kürbis,* zeytinyağlı barbunya

körner werden zunächst in Öl, Butter oder Ghee gedünstet, bevor das Wasser zugegeben wird. Sobald der Reis das Kochwasser aufgesaugt hat, wird ein Geschirrtuch sowie der Topfdeckel aufgelegt und der Reis ohne Hitzezufuhr gegart. Je nach Reisart ist die Wassermenge gleich der Reismenge oder etwa eineinhalb Mal so viel. Langkornreis aus Iran, Syrien oder der Türkei wird für Pilaws bevorzugt, die kürzeren oder Rundkornvarianten sind für die aromatischen Füllungen von Obst und Gemüse sowie für süßen Pudding wie *sütlaç* beliebt.

Bis auf den Istanbuler Auberginenpilaw wird das Gericht immer warm serviert, ob es nun mit Reis oder Bulgur zubereitet ist. Manchmal wird vor dem Servieren geschmolzene Butter oder Ghee darübergegeben. Ein beliebter ostanatolischer Snack ist eine Schüssel gekochter Bulgur mit einer Mulde in der Mitte, in die Joghurt gegeben wird. Darüber kommt zerlassenes Ghee, jeder bekommt einen Löffel und bedient sich aus der Schüssel.

Für jede Zubereitungsart gibt es einen Namen und überzeugte Anhänger. *Salma* ist die einfachste Art, Reis zu kochen. Die Reiskörner werden in Wasser oder Brühe gekocht, bis fast das ganze Wasser aufgenommen ist, dann wird der Deckel aufgelegt und der Reis quillt ohne Hitzezufuhr aus. *Kavurma* bedeutet, erst die aromatischen Zutaten in Butter, Öl oder Lammfett zu dünsten, dann den Reis und zum Schluss erst die Flüssigkeit zuzugeben. *Buryani* verwendet Reis, der mit der *Salma*-Methode zubereitet wurde, und vermischt ihn bei großer Hitze mit Fleisch, Schalentieren oder Gemüse und meist auch Gewürzen.

Das türkische Wort *bakliyat*, das Bohnen, Erbsen und Linsen umfasst, kommt vom arabischen Wort *bakli*, Gemüse. Diese Hülsenfruchtgerichte sind ausgesprochen beliebt, ob als Snacks, *meze*, Hauptmahlzeiten oder als Beilage. In ärmeren, ländlichen Regionen ersetzen Bohnen und Linsen oft das Fleisch. Die geläufigsten Hülsenfrüchte sind getrocknete Bohnen, Soja- und Borlottibohnen, Dicke Bohnen, Kichererbsen, rote und grüne Linsen und Schälerbsen.

Bohnen genießen ein hohes Ansehen in der Türkei, sie werden als „himmlische Nahrung" bezeichnet. Ein türkisches Sprichwort lautet: „Er glaubt, er sei gesegnet wie eine Bohne."

***Von links nach rechts***
Hamsili pilav, *Kichererbsenpilaw, Reis*

# Börülce güveç

## Eintopf aus Augenbohnen mit Wurst

Bohneneintöpfe mit herzhafter Wurst oder luftgetrocknetem Rindfleisch sind beliebt bei Familien und Arbeitern. In der Ägäis nimmt man gern Augenbohnen, aber jede andere Bohnenart oder Kichererbsen sind ebenso geeignet. Traditionell wird der Eintopf in einem großen Steinguttopf gekocht, der auf den Tisch gestellt wird, sodass sich jeder bedienen kann. Typische Beilagen sind Brot, Salat mit scharfer Paprika und Petersilie oder Pickles.

**ZUTATEN**

**175 g getrocknete Augenbohnen, über Nacht in kaltem Wasser eingeweicht**

**2 EL Ghee oder je 1 EL Olivenöl und Butter**

**1 große Zwiebel, in Längsstreifen geschnitten**

**2–3 Knoblauchzehen, grob gehackt und zerdrückt**

**1 TL Kreuzkümmelsamen**

**1–2 TL Koriandersamen**

**1 TL Fenchelsamen**

**1–2 TL Zucker oder klarer Honig**

**1 gepökelte, herzhafte Wurst, ca. 25 cm lang, in Scheiben**

**150 ml Weißwein**

**1 Dose (400 g) geschälte Tomaten**

**1 Bund frische glatte Petersilie, grob gehackt**

**Salz und schwarzer Pfeffer, frisch gemahlen**

**ERGIBT 4–6 PORTIONEN**

**1** Die Bohnen abspülen, in einen feuerfesten Bräter geben und mit reichlich Wasser bedecken. Aufkochen und bei mittlerer Hitze ca. 25 Minuten bissfest garen, dabei den Deckel halb auflegen. Abgießen, unter kaltem Wasser gut abspülen und gelöste Schalen entfernen.

**2** Den Ofen auf 180 °C vorheizen. Das Ghee im Bräter erhitzen, die Zwiebel, den Knoblauch und die Gewürze darin goldbraun dünsten.

**3** Den Zucker oder Honig zugeben, die Wurst dazugeben, anbraten und leicht bräunen.

**4** Erst die Bohnen, dann den Wein zugeben, aufkochen. Bei mittlerer Hitze die Tomaten und die Hälfte der Petersilie einrühren und mit Salz und Pfeffer abschmecken.

**5** Den Deckel des Bräters auflegen und im Ofen ca. 40 Minuten garen. Vor dem Servieren nochmals abschmecken und mit der Petersilie bestreuen.

***Pastırma** ist ein Rinderfilet, das mit Bockshornklee, Kreuzkümmel,* kırmızı biber *und Knoblauch eingerieben und hängend getrocknet wird. Es wird in der Türkei an den Marktständen der Metzger angeboten.*

**Herzhafte, gepökelte Wurst** *gibt es in türkischen, griechischen oder italienischen Geschäften. Die türkische* sucuk *ist hufeisenförmig und mit Kreuzkümmel gewürzt, während* pastırma *mit Bockshornklee bestreut ist.*

**Nährwerte je Portion** 382 kcal – 1594 kJ – 18 g Protein – 20 g Kohlenhydrate, davon 7 g Zucker – 24 g Fett, davon 10 g gesättigte Fettsäuren – 52 mg Cholesterin – 55 mg Calcium – 6 g Ballaststoffe – 944 mg Natrium

# *Zeytinyağlı havuç*

## Karotten und Linsen mit Salbei

Als Variation eines *zeytinyağlı*-Gerichtes der osmanischen Palastküche, verwendet dieses Gericht Salbei statt Dill und Minze. In Anatolien hängen aromatische Salbeizweige in der Sonne zum Trocknen und auf den Märkten werden sie bündelweise verkauft, um daraus einen kräftigenden Tee zu bereiten. Derselbe Salbei gibt dieser Spezialität sein wärmendes Aroma. Das Gericht eignet sich als Beilage zu gegrilltem oder gebratenem Fleisch oder mit Joghurt und Zitronenspalten als Hauptgericht.

**ZUTATEN**

175 g grüne Linsen

3–4 EL Olivenöl

1 Zwiebel, halbiert und in dünne Ringe geschnitten

3–4 dicke Knoblauchzehen, grob gehackt und mit der flachen Seite eines Messers zerdrückt

1 TL Koriandersamen

1 Handvoll getrockneter Salbeiblätter

1–2 TL Zucker

4 Karotten, in Stücken

1–2 EL Tomatenmark

Salz und schwarzer Pfeffer, frisch gemahlen

1 Bund frischer Salbei oder glatte Petersilie

**ERGIBT 4–6 PORTIONEN**

***Zeytinyağlı*-Gerichte** *werden in Olivenöl gegart und meist kalt serviert. Sie verwenden Lauch und Karotten, Knollensellerie, Stangen- oder Strauchbohnen und Artischocken.*

**1** In einem Topf Wasser zum Kochen bringen, die Linsen dazugeben und bei geringer Hitze 10 Minuten köcheln lassen. Abgießen und unter fließendem kalten Wasser gut abspülen.

**2** Das Öl in einer schweren Pfanne erhitzen und Zwiebel, Knoblauch, Koriander, Salbei und Zucker darin Farbe annehmen lassen.

**3** Die Karotten dazugeben und 3 Minuten andünsten. Die Linsen und 250 ml frisches Wasser dazugeben. Die Karotten und die Linsen sollten gut mit Wasser bedeckt sein.

**4** Das Tomatenpüree einrühren, die Pfanne abdecken und alles etwa 20 Minuten köcheln lassen, bis ein Großteil der Flüssigkeit aufgesogen ist. Karotten und Linsen sollten weich sein, aber ein wenig Biss haben. Mit Salz und Pfeffer abschmecken.

**5** Mit frischem Salbei oder der frischen Petersilie garnieren und direkt heiß oder etwas abgekühlt servieren.

**Nährwert je Portion** 166 kcal – 696 kJ – 8 g Protein – 21 g Kohlenhydrate, davon 7 g Zucker – 6 g Fett, davon 1 g gesättigte Fettsäuren – 0 mg Cholesterin – 38 g Calcium – 4 g Ballaststoffe – 22 mg Natrium

# *Zeytinyağlı barbunya*

## Borlottibohnen in Olivenöl

Auf den Märkten werden Borlottibohnen in ihren gesprenkelten Hülsen für dieses spezielle, besonders beliebte Gericht verkauft. In ärmeren Haushalten, in denen selten Fleisch auf den Tisch kommt, sind Bohnen- und Auberginengerichte nahrhafter Ersatz. In viel Olivenöl gegart, ist dies ein Gericht aus der *zeytinyağlı*-Küche, das man im Westen der Türkei häufig antrifft.

**ZUTATEN**

175 g getrocknete Borlottibohnen, über Nacht in kaltem Wasser eingeweicht

3–4 EL Olivenöl

2 rote Zwiebeln, halbiert und in dünne Ringe geschnitten

4 Knoblauchzehen, gehackt

400 g Tomatenstücke aus der Dose

2 TL Zucker

Je 1 Bund glatte Petersilie und Dill, grob gehackt

4 reife Tomaten

Salz und schwarzer Pfeffer, frisch gemahlen

1 Zitrone, geviertelt

**ERGIBT 4 PORTIONEN**

**1** Die Bohnen abgießen, in einen Topf geben, mit reichlich frischem Wasser auffüllen. Zum Kochen bringen und 1 Minute kochen. Die Hitze reduzieren, den Topf zudecken und 30 Minuten köcheln lassen, bis die Bohnen weich, aber nicht matschig sind. Abgießen, unter fließendem kalten Wasser abspülen und lose Hülsen entfernen.

**2** Das Öl in einer schweren Pfanne erhitzen, Zwiebeln und Knoblauch dazugeben und dünsten. Sobald sie beginnen weich zu werden die Tomatenstücke, den Zucker und die Hälfte der Kräuter in die Pfanne geben. 300 ml Wasser dazugeben, aufkochen und in etwa 20 Minuten die Flüssigkeit einkochen lassen.

**3** Die Tomaten einritzen, überbrühen, abschrecken, häuten und grob hacken.

**4** Zusammen mit den Bohnen und den restlichen Kräutern (etwas zum Garnieren beiseitestellen) in einem Topf erhitzen und weitere 5–10 Minuten köcheln lassen. Mit der Tomaten-Zwiebel-Mischung gut verrühren und heiß oder bei Zimmertemperatur mit den Zitronenvierteln servieren.

**Nährwert je Portion** 266 kcal – 1119 kJ – 12 g Protein – 34 g Kohlenhydrate, davon 14 g Zucker – 10 g Fett, davon 2 g gesättigte Fettsäuren – 0 mg Cholesterin – 103 mg Calcium – 11 g Ballaststoffe – 33 mg Natrium

# *Anadolu pilavı* Anatolischer Bulgur mit Nüssen und Datteln

Es gibt verschiedene herzhafte anatolische Bulgur- oder Reisgerichte mit Gemüse, Trockenfrüchten und Nüssen. Dieses hier soll ursprünglich von nomadischen Hirten in den arabischen und nordafrikanischen Wüsten stammen, deren Nahrungsgrundlage Datteln waren.

**1** Den Bulgur in eine Schüssel geben und mit kochendem Wasser übergießen, den Bulgur etwa 2 cm mit dem Wasser bedecken. Kurz umrühren. Die Schüssel mit einem Teller abdecken und 25 Minuten stehen lassen, bis der Bulgur das Wasser aufgesaugt und die Menge sich verdoppelt hat.

**2** Die Karotten im Ghee ca. 10 Minuten weich dünsten. Die Nüsse zugeben und goldbraun dünsten.

**3** Die Datteln dazugeben und, falls sie sehr trocken sind, 1–2 EL Wasser zugeben und alles mit dem Bulgur gut vermischen. Den Topf beiseitestellen, ein trockenes Geschirrtuch und den Deckel auflegen und 5–10 Minuten quellen lassen.

**4** Den Koriander unterrühren und das geschmolzene Butterfett über das Gericht gießen. Den Joghurt in einer kleinen Schüssel dazu servieren.

**ZUTATEN**

350 g Bulgur, gewaschen und abgetropft

2 EL Ghee oder geklärte Butter, zzgl. 2 EL Ghee, geschmolzen

2 mittelgroße Karotten, in feine Stifte geschnitten

75 g gehäutete Mandeln

2–3 EL Pinienkerne

2–3 EL Pistazienkerne, geschält, gehackt

175 g weiche, getrocknete Datteln, grob gehackt

Salz

1 Handvoll frischer Koriander, gehackt

cremiger Joghurt

**ERGIBT 4–6 PORTIONEN**

**In Ostanatolien** *wird dieses Gericht traditionell in einer großen Schüssel serviert. In die Mitte des Bulgurs wird eine Mulde gedrückt, in die Joghurt gefüllt wird. Alle bedienen sich gemeinsam aus der Schüssel.*

**Nährwerte je Portion** 412 kcal – 1719 kJ – 9 g Protein – 54 g Kohlenhydrate, davon 23 g Zucker – 19 g Fett, davon 4 g gesättigte Fettsäuren – 11 mg Cholesterin – 71 mg Calcium – 3 g Ballaststoffe – 74 mg Natrium

# Kabak dolması

## Mit Aprikosenpilaw gefüllter Kürbis

In Kappadokien, einer Landschaft voller Wohnhöhlen, schlanker Kamine und Kirchen, die aus dem Fels gehauen wurden, werden Kürbisse und Aprikosen vielfältig zubereitet. Kürbisse eignen sich ideal zum Füllen mit Pilaw, Reis, Fleisch, Gemüse oder Suppe. Dieses opulente Gericht wird zu besonderen Anlässen wie beispielsweise Hochzeiten zubereitet.

**ZUTATEN**

1 mittelgroßer Kürbis (ca. 1,2 kg)

225 g Langkornreis, gewaschen

2–3 EL Olivenöl

1 EL Butter

1 Prise Safranfäden

1 TL Koriandersamen

2–3 Streifen Orangenschale, ohne die weiße Innenhaut, in feine Streifen geschnitten

3–4 EL Pistazienkerne, geschält

2–3 EL getrocknete Cranberries, 5 Minuten in warmes Wasser eingeweicht, abgetropft

175 g getrocknete Aprikosen, in Streifen oder Stücke geschnitten

1 Bund frisches Basilikum, grob zerpflückt

1 Bund frischer Koriander, grob gehackt

1 Bund frische Minze, grob gehackt

1 Bund frische glatte Petersilie, grob gehackt

Salz und schwarzer Pfeffer, frisch gemahlen

Zitronenspalten

cremiger Joghurt

**ERGIBT 4–6 PORTIONEN**

**1** Den Ofen auf 200 °C vorheizen. Den Kürbis waschen und das Stielende abschneiden, aber aufbewahren (als Deckel). Die Kerne und Fäden aus der Mitte herauskratzen, den Deckel aufsetzen und den Kürbis 1 Stunde backen.

**2** Den Reis in einen Topf geben und mit kaltem Wasser aufgießen, bis er bedeckt ist. Leicht salzen, aufkochen und bei mittlerer Hitze und nicht ganz geschlossenem Deckel köcheln lassen, bis das Wasser absorbiert ist.

**3** Das Öl und die Butter erhitzen, Safran, Koriandersamen, Orangenschale, Pistazien, Cranberries und Aprikosen einrühren. Den Reis dazugeben, alles gut mischen und mit Salz und Pfeffer abschmecken. Den Herd ausschalten, den Topf mit einem Geschirrtuch und dem Deckel fest schließen und ca. 10 Minuten ziehen lassen. Die Kräuter zugeben.

**4** Den Kürbis aus dem Ofen nehmen, den Deckel abheben und den Pilaw einfüllen. Den Deckel wieder auflegen und den Kürbis nochmals 20 Minuten im Ofen backen.

**5** Zum Servieren den Deckel abnehmen, einen Ring vom Kürbis schneiden, auf einen Teller legen und etwas Pilaw in die Mitte geben. Jede Portion so anrichten, mit Zitronenspalten und Joghurt servieren.

**Nährwerte je Portion** 345 kcal – 1443 kJ – 10 g Protein – 50 g Kohlenhydrate, davon 19 g Zucker – 12 g Fett, davon 3 g gesättigte Fettsäuren – 5 mg Cholesterin – 299 mg Calcium – 10 g Ballaststoffe – 93 mg Natrium

# *Patlıcanlı pilav* Auberginenpilaw mit Zimt und Minze

Dieses wunderbare Reisgericht variiert von Region zu Region. In Istanbul heißt es *Sultan Reşat pilavı*, wird mit Olivenöl gegart und kalt verzehrt. Andernorts verwendet man Bulgur oder Reisnudeln, aber allen Rezepten gemein sind die dicken Auberginenstücke. Dieser Pilaw passt als Beilage zu gegrilltem oder gebratenem Fleisch oder wird mit Brot zur vollständigen Mahlzeit.

**ZUTATEN**

2 große Auberginen

2–3 EL Olivenöl

2–3 EL Pinienkerne

1 große Zwiebel, fein gehackt

1 TL Koriandersamen

2 EL Korinthen, in warmes Wasser 10 Minuten eingeweicht und abgetropft

2–3 TL Zucker

1–2 EL gemahlener Zimt

1–2 EL getrocknete Minze

1 Bund frischer Dill, fein gehackt

3 Tomaten, gehäutet, entkernt und fein gehackt

350 g Langkornreis, gewaschen und abgetropft

Sonnenblumenöl zum Frittieren

Saft von 1/2 Zitrone

Salz und schwarzer Pfeffer, frisch gemahlen

frische Minze und Zitronenspalten zum Garnieren

**ERGIBT 4–6 PORTIONEN**

**1** Die Auberginen längs streifig schälen, dann längs vierteln, in mundgerechte Stücke schneiden und in Salzwasser wässern. Einen Teller auflegen, damit die Auberginen unter Wasser bleiben, und mindestens 30 Minuten einweichen.

**2** Das Olivenöl in einer großen Pfanne erhitzen und die Pinienkerne darin goldbraun braten. Die Zwiebel zugeben und weich dünsten, dann den Koriander und die Korinthen zugeben. Den Zucker, den Zimt, die Minze und den Dill zufügen, dann die Tomaten einrühren.

**3** Den Reis zugeben und alles gut mischen. 900 ml Wasser zugießen, mit Salz und Pfeffer würzen und aufkochen. Bei mittlerer Hitze und nicht ganz aufgelegtem Deckel 10–12 Minuten köcheln lassen, bis das Wasser absorbiert ist. Den Herd ausschalten, ein Geschirrtuch mit dem Deckel auflegen und ca. 15 Minuten garziehen lassen.

**4** Das Sonnenblumenöl in einem Wok oder einer tiefen Pfanne erhitzen, die Auberginenstücke abtropfen und ausdrücken, dann portionsweise im Sonnenblumenöl frittieren. Sobald sie goldbraun sind, die Stücke mit einem Schaumlöffel herausheben und auf Küchenpapier abtropfen lassen.

**5** Den Reis in eine Servierschüssel geben, die Auberginenstücke mit dem Zitronensaft unterheben, mit frischer Minze garnieren und warm oder kalt mit Zitronenspalten servieren.

**Nährwerte je Portion** 369 kcal – 1539 kJ – 6 g Protein – 52 g Kohlenhydrate, davon 11 g Zucker – 15 g Fett, davon 2 g gesättigte Fettsäuren – 0 mg Cholesterin – 38 mg Calcium – 3 g Ballaststoffe – 8 mg Natrium

# *Hamsili Pilav* Sardellenpilaw

Mit einer geballten Ladung Sardellen kommt dieser Pilaw von der Schwarzmeerküste daher. Sardellen gibt es dort in Hülle und Fülle, sie werden sogar in Liedern und Gedichten besungen. Für dieses Gericht gibt es mehrere Zubereitungsarten: Ganze Sardellen werden frittiert und unter den Reis gemischt, Sardellen und Reis werden lagenweise aufgeschichtet oder die Fische werden von Kopf und Hauptgräte befreit und umhüllen den Reis wie ein köstlicher Mantel.

**ZUTATEN**

600 g frische Sardellen, ausgenommen, Köpfe und Rückengräten ausgelöst

2 EL Olivenöl

1 EL Butter

1 Zwiebel, fein gehackt

2 EL Pinienkerne

1 EL getrocknete Minze

1 TL gemahlener Piment

450 g Langkornreis

1 kleiner Bund Dill, fein gehackt

Salz und schwarzer Pfeffer, frisch gemahlen

Dillzweige und Zitronenspalten zum Servieren

**ERGIBT 4–6 PORTIONEN**

**1** Die Sardellen waschen und trocken tupfen. Aufklappen und innen mit Salz bestreuen. Eine ofenfeste Form leicht einfetten und mit den Sardellen auslegen, Hautseite nach unten. Einige Sardellen für den Abschluss aufbewahren.

**2** Öl und Butter in einer schweren Pfanne erhitzen, Zwiebel darin weich dünsten. Pinienkerne dazugeben und goldbraun braten. Minze, Piment und Reis in die Pfanne geben, würzen und den Reis mit Wasser bedecken. Zum Kochen bringen, Hitze reduzieren, mit dem Deckel verschließen und 10–12 Minuten köcheln lassen, bis das Wasser absorbiert ist.

**3** Während der Reis kocht, den Ofen auf 180 °C vorheizen.

**4** Den Reis vom Herd nehmen, den Dill darüberstreuen, mit einem Küchentuch abdecken und für weitere 10 Minuten ziehen lassen.

**5** Den Reis mit einer Gabel auflockern und dabei den Dill unterrühren. In die Sardellenform füllen, glatt streichen und mit Sardellen (Hautseite nach oben) abschließen.

**6** Die Fische mit ein wenig Wasser beträufeln und im Ofen 25 Minuten backen.

**7** Einen großen Teller auf die Form geben und das Sardellenpilaw stürzen. Die Form abheben und die Sardellen mit Dill garnieren, sofort servieren. Zitronenspalten dazureichen. Das Pilaw kann als eigenständiges Gericht serviert werden oder als Beilage zu einem Fischgericht.

**Nährwert je Portion** 481 kcal – 2004 kJ – 20 g Protein – 64 g Kohlenhydrate, davon 3 g Zucker – 16 g Fett, davon 3 g gesättigte Fettsäuren – 37 mg Cholesterin – 178 mg Calcium – 1 g Ballaststoffe – 2 g Natrium

# Sultan Reşat pilavı

## Kichererbsenpilaw

Die Legende erzählt von Mahmut Pasha, Großwesir von Mehmet dem Eroberer, dass er seine Minister jeden Freitag zum Mittagessen einlud. Zum Abschluss des Menüs ließ er einen Pilaw aus Reis und Kichererbsen servieren, in dem sich Goldstücke so groß wie Kichererbsen befanden, die demjenigen, der eins auf seinem Löffel fand, Glück und Wohlstand bringen sollten. Diese Variante ist auch ohne Goldstücke eines Sultans würdig und als klassisches Butterpilaw eine perfekte Beilage zu allen Fisch- und Fleischgerichten.

**ZUTATEN**

50 g getrocknete Kichererbsen, über Nacht in reichlich Wasser eingeweicht

2 EL Butter

1 EL Oliven- oder Sonnenblumenöl

1 Zwiebel, fein gehackt

225 g Langkornreis

600 ml Hühnerbrühe oder Wasser

Salz und schwarzer Pfeffer, frisch gemahlen

**ERGIBT 4 PORTIONEN**

**1** Kichererbsen abgießen, in einen Topf geben und mit reichlich Wasser füllen. Zum Kochen bringen, Hitze reduzieren, den Topf mit einem Deckel verschließen und für 45 Minuten köcheln lassen.

**2** Abgießen, unter fließendem Wasser abspülen und lose Hülsen entfernen (dafür in einem trockenen Küchentuch rubbeln).

**3** Die Butter mit dem Öl sanft erhitzen und die Zwiebel darin weich dünsten.

**4** Den Reis und die Kichererbsen dazugeben, Brühe oder Wasser angießen, salzen und pfeffern und zum Kochen bringen. Die Hitze reduzieren, den Topf bedecken und 10 Minuten sanft köcheln lassen, bis die Flüssigkeit absorbiert ist.

**5** Topf vom Herd nehmen, mit einem sauberen Küchentuch abdecken und mit dem Deckel fest verschließen. Weitere 10 Minuten ziehen lassen. Den Reis vor dem Servieren mit einer Gabel auflockern.

**Nährwert je Portion** 328 kcal – 1368 kJ – 17 g Protein – 52 g Kohlenhydrate, davon 1 g Zucker – 10 g Fett, davon 4 g gesättigte Fettsäuren – 16 mg Cholesterin – 36 mg Calcium – 2 g Ballaststoffe – 51 mg Natrium

# *Vişneli pilav* Sauerkirschenpilaw

Dieses beliebte Sommergericht wird mit kleinen Sauerkirschen zubereitet. Die köstliche Frische der Kirschen passt als Beilage zu den meisten Gemüse-, Fleisch- und Fischgerichten.

**ZUTATEN**

**2 EL Butter**

**1–2 TL Zucker**

**1 TL Kümmelsamen**

**225 g frische oder getrocknete Kirschen**

**225 g Langkornreis**

**Salz und schwarzer Pfeffer, frisch gemahlen**

**ERGIBT 3–4 PORTIONEN**

**Sauerkirschen** *werden wegen ihrer Säure häufig gekocht oder gedünstet verzehrt, zum Beispiel in Sorbets, Konfitüren, Brotpudding, Kuchen oder Kompott, das zu Reis und Joghurt serviert wird.*

**1** Die Butter in einer schweren Pfanne schmelzen. Eine Handvoll Kirschen beiseitelegen. Die restlichen Kirschen mit dem Zucker und dem Kümmel in die Pfanne geben.

**2** Kurz andünsten, dann den Reis dazugeben und 600 ml Wasser angießen. Mit Salz und Pfeffer würzen.

**3** Zum Kochen bringen, die Hitze reduzieren und die Pfanne mit dem Deckel verschließen. 10–12 Minuten köcheln lassen, bis das Wasser absorbiert ist.

**4** Den Herd ausschalten, die Pfanne mit einem Trockentuch bedecken und den Deckel wieder aufsetzen. 20 Minuten ziehen lassen.

**5** Den Reis mit einer Gabel auflockern, in eine Servierschüssel geben und mit den beiseitegestellten Kirschen garnieren.

**Nährwert je Portion** 295 kcal – 1231 kJ – 5 g Protein – 54 g Kohlenhydrate, davon 9 g Zucker – 7 g Fett, davon 4 g gesättigte Fettsäuren – 16 mg Cholesterin – 21 mg Calcium – 1 g Ballaststoffe – 46 mg Natrium

# FISCH UND SCHALENTIERE

Gegrillte Sardinen in Weinblättern
*Sardalyalı yaprak dolması*

Gebackene Sardinen mit Tomaten
*Fırında domatesli sardalya*

Schwertfisch-Gemüse-Spieße
*Kiliç şiş*

Makrelen-Pilaki
*Uskumru pilakisi*

Fisch in Salzkruste
*Tuzlanmiş balık*

Fischbällchen mit Zimt, Korinthen
und Pinienkernen
*Balik köftesi*

Makrele mit Nussfüllung
*Uskumru dolması*

Kalmar mit Oliven und Rotwein
*Sarhoş kalamar*

Überbackene Garnelen
*Karides güveç*

Mit Pilaw und Pinienkernen gefüllte Muscheln
*Midye dolması*

# Fisch und Schalentiere

In den Küstenregionen sind Fisch und Schalentiere wie Hai, Schwertfisch, Thunfisch, Seebarsch, Makrele, Meerbarbe, Tintenfisch und Garnelen nur einige der Köstlichkeiten, mit denen die moderne türkische Tafel gesegnet ist.

***Von links nach rechts***
Kiliç şiş, *Sardinen, Gefüllte Muscheln mit Pilaw und Pinienkernen*

Die Türkei hat an Ägäis, Mittelmeer und Schwarzem Meer Küsten in einer Gesamtlänge von 7.000 Kilometer und daher keinerlei Mangel an Fischgründen. Der tägliche Fang bringt Blaubarsch, Meeräschen, Schwertfisch, Seebarsch, Bonito, Thunfisch, Steinbutt, Scholle, Makrele, Sardinen, Sardellen und alle Arten von Schalentieren in die Häfen. Als Symbol für Fruchtbarkeit ist Fisch in den Küstenregionen sehr beliebt. In Istanbul, Izmir und in den Touristenzentren des Südens wie Bodrum, Antalya und Marmaris gibt es unzählige Fischrestaurants und einige sehr kreative Köche.

Die Schwarzmeerküste hat ihre ganz eigene Fischküche, deren Hauptbestandteil *hamsi*, die Sardelle, ist, die in Liedern und Gedichten besungen wird und in Sardellenreis oder Sardellenbrot Verwendung findet. In Anatolien wird frischer Fisch seltener verzehrt, obwohl in den Flüssen Karpfen geangelt wird.

Die *Pilaki*-Gerichte folgen einer typisch türkischen Zubereitungsart, bei der Zwiebel, Knoblauch, Karotten und Stangen- oder Knollensellerie in Olivenöl gedünstet werden. Der Fisch wird zugegeben und alles mit Salz, Wasser und Zucker gegart. Alle *Pilaki*-Gerichte werden auf diese Art zubereitet, auch solche mit Bohnen oder Muscheln. Ein altes osmanisches Gericht, Austern-*Pilaki*, findet man heute leider kaum noch.

Ein üppiges Gericht der Palastküche ist *uskumru dolması* (gefüllte Makrele). Durch eine Öffnung am Kopf wird das Fleisch mitsamt Gräten durch vorsichtiges Massieren aus der unversehrten Haut herausgedrückt, mit Nüssen und Gewürzen gebraten und wieder in die Fischhaut gefüllt. Die dann gebackene Makrele ist eine Spezialität in Istanbuler Restaurants.

Stücke von festfleischigem Fisch werden regional in Eintöpfen mit Gemüse, Gewürzen und Kräutern zubereitet oder mariniert auf Spießchen gesteckt und gegrillt. Ausgenommene, ganze Sardellen und kleine Sardinen werden in Mehl gewendet, in Öl goldbraun gebacken und mit Dill und Zitrone serviert.

Schalentiere und Tintenfisch finden die meisten Anhänger in Istanbul und anderen Städten der Ägäis und der Mittelmeerküste. Garnelen kommen mit Knoblauch und Kreuzkümmel gebraten oder mit Paprika und Zwiebeln gebacken daher, manche Restaurants bieten auch Garnelenkebabs oder Reisgerichte mit Garnelen an. Ganze, mit Reis gefüllte Muscheln in der Schale sind an den Küsten Istanbuls und Izmirs beliebt oder ergänzen in einem traditionellen, kalt servierten *pilaki* ein *meze*-Buffet. Tintenfischringe und Muscheln werden gern in Teig frittiert und mit Knoblauchsauce verzehrt, während Baby-Kalamare mit aromatischen Kräutern und Reis gefüllt werden. Gegrillter Kalmar mit Oliven und Paprika ergibt einen schmackhaften Salat.

Immer noch werden einige althergebrachte Methoden zur Konservierung von Fisch genutzt. Kleine Fische werden ausgenommen, gesäubert, aufgeschnitten und zum Trocknen gehängt – wie Socken auf der Wäscheleine. Trockenfisch wird später in Suppen, Brühe oder Eintöpfen verwendet. Sardinen und Sardellen legt man im Ganzen in Essig oder Lake ein, während sie an der Schwarzmeerküste wie Pickles konserviert werden. Meist aber wird Fisch ganz frisch gekauft, direkt vom Kutter oder auf dem täglichen Fischmarkt, wo manche noch in Wasserbehältern herumschwimmen, während andere auf Eis gelegt auf Kundschaft warten. Der Fischverkäufer in seinen Gummistiefeln berät die Kunden bei der Wahl und bereitet den ausgewählten Fisch dann küchenfertig vor.

Im Koran gibt es die Geschichte vom Tisch, der vom Himmel herabsank, damit Jesus Christus die um ihn versammelten Menschen speisen konnte. Auf dem Tisch lagen zwei Fische und fünf Brote und Jesus speiste 5.000 Männer, Frauen und Kinder. Er behielt immer noch zwölf Körbe voller Brot und Fisch übrig. Daher sind Fisch und Brot im muslimischen Glauben Symbole für Fruchtbarkeit und werden in Anatolien mit großem Respekt behandelt.

Auch wenn es in volkstümlichen Quellen Lieder über Sardellen gibt, ist die Fischküche doch relativ neu. Zwar hat schon die osmanische Zeit Köstlichkeiten wie die gefüllten Fische *uskumru dolması* und Muscheln, *midye dolması,* hervorgebracht, aber sonst finden sich wenig traditionelle Rezepte. Heute gibt es einen reichhaltigen Schatz an kreativen Rezepten, wovon die Fischrestaurants am Bosporus und an der berühmten Promenade in Izmir eindrucksvoll Zeugnis geben.

***Von links nach rechts***
*Schwertfisch,* Karides güveç, *Seebarsch*

# *Sardalyalı yaprak dolması*

## Gegrillte Sardinen in Weinblättern

Dieses Gericht ist besonders im Sommer beliebt, wenn frisch gefangene Sardinen auf einem Holzkohlegrill ihr köstliches Aroma verbreiten. Natürlich können die Fische auch im Ofen gebacken werden, aber das Freilufterlebnis und der Holzkohleduft sind unschlagbar. Die kräftig aromatischen Weinblätter und die Tomaten harmonieren mit dem saftigen Fleisch der Sardinen.

**1** Für das Dressing alle Zutaten in eine Schüssel geben, mit Salz und Pfeffer abschmecken und gut vermischen.

**2** Die Sardinen trocken tupfen und in eine flache Form legen. 2 EL Öl mit dem Zitronensaft verrühren und die Sardinen damit einpinseln.

**3** Den Grill anzünden. Die Weinblätter auf einer Platte auslegen und je eine Sardine auf ein Blatt legen. Jeweils etwas salzen und das Blatt um die Sardine wickeln, dabei Kopf und Schwanz frei lassen.

**4** Jedes Päckchen mit etwas Öl einpinseln und mit der Blattnaht nach unten legen, damit sie sich nicht aufrollen. Die Tomaten auf Spieße stecken und salzen.

**5** Die Sardinen und Tomaten auf dem Grill ca. 2–3 Minuten von jeder Seite grillen, bis die Weinblätter schwarz und die Tomaten weich sind.

**6** Die Tomaten und die Sardinen auf einer Servierplatte mit dem Dressing beträufeln und sofort mit Zitronenspalten servieren.

**ZUTATEN**

12 Sardinen, geschuppt, ausgenommen und gewaschen

2 EL Olivenöl, zzgl. etwas zum Einpinseln

Saft von 1/2 Zitrone

12 frische oder eingelegte Weinblätter

4–6 Rispentomaten, halbiert oder geviertelt

Salz und schwarzer Pfeffer, frisch gemahlen

Zitronenspalten

**FÜR DAS DRESSING**

4 EL Olivenöl

Saft von 1 Zitrone

1 EL Balsamico- oder Weißweinessig

1–2 TL klarer Honig

1 TL *kırmızı biber* oder 1 frische Chili, fein gehackt

einige Stängel Dill, fein gehackt

einige Stängel glatte Petersilie, fein gehackt

**ERGIBT 3–4 PORTIONEN**

**Frische Weinblätter** *werden im Herbst auf türkischen Märkten verkauft. Eine Minute in kochendes Wasser eingetaucht, werden die hellen Blätter dunkelgrün, weich und biegsam. Alternativ kann man eingelegte Weinblätter nehmen, die zum Entsalzen eine Stunde in heißem Wasser liegen müssen. Dann unter kaltem Wasser abspülen und trocken tupfen.*

**Nährwerte je Portion** 300 kcal – 1245 kJ – 17 g Protein – 5 g Kohlenhydrate, davon 5 g Zucker – 24 g Fett, davon 5 g gesättigte Fettsäuren – 0 mg Cholesterin – 82 mg Calcium – 2 g Ballaststoffe – 101 mg Natrium

# *Fırında domatesli sardalya*

## Gebackene Sardinen mit Tomaten

Angesichts der Wildkräuter, die nahe der Küsten wachsen, sind aromatische Fischgerichte wie dieses entlang Ägäis und Mittelmeer beliebt. Hier wird rotes Basilikum mit seinem feinen Anisaroma verwendet, das normale grüne oder Zitronenbasilikum ist aber ebenso gut.

**1** Den Ofen auf 180 °C vorheizen. Die Sardinen Seite an Seite in eine feuerfeste Form legen, je einen Zweig Thymian dazwischen legen und mit Zitronensaft übergießen.

**2** Die Tomaten, das Öl, den Knoblauch und den Zucker mischen, mit Salz und Pfeffer würzen. Den Großteil des Basilikums zugeben, alles mischen und über die Sardinen geben. Die Form ohne Deckel in den Ofen schieben, ca. 25 Minuten braten. Mit dem restlichen Basilikum garnieren und mit Zitronenspalten servieren.

**ZUTATEN**

8 große Sardinen, geschuppt, ausgenommen und gewaschen

6–8 Zweige frischer Thymian

Saft von 1/2 Zitrone

800 g Tomatenstücke aus der Dose

4–5 EL Olivenöl

4 Knoblauchzehen, zerdrückt

1 TL Zucker

1 Bund frisches rotes Basilikum

Salz und schwarzer Pfeffer, frisch gemahlen

Zitronenspalten

**ERGIBT 4 PORTIONEN**

**Nährwerte je Portion** 219 kcal – 915 kJ – 12 g Protein – 7 g Kohlenhydrate, davon 7 g Zucker – 16 g Fett, davon 3 g gesättigte Fettsäuren – 0 mg Cholesterin – 57 mg Calcium – 2 g Ballaststoffe – 78 mg Natrium

# *Kiliç şiş* Schwertfisch-Gemüse-Spieß

Jeder festfleischige Fisch wie Thunfisch, Forelle, Lachs, Seeteufel oder Seebarsch kann für Kebab verwendet werden, aber der Klassiker *kiliç şiş* mit Schwertfischstücken ist die beliebteste Variante. Mit Rucola-Kräuter-Salat ist er ein leichtes und köstliches Mittagsgericht.

**ZUTATEN**

500 g Schwertfisch ohne Gräten, in mundgerechte Stücke geschnitten

1 Zitrone, in Spalten

1 große Tomate, halbiert, entkernt und in mundgerechte Stücke geschnitten

2 *çarliston* oder 1 grüne Paprikaschote, entkernt und in mundgerechte Stücke geschnitten

1 Handvoll Lorbeerblätter

Zitronenspalten zum Garnieren

**FÜR DIE MARINADE**

1 Zwiebel, fein gerieben

1–2 Knoblauchzehen, zerstoßen

Saft von 1/2 Zitrone

2–3 EL Olivenöl

1–2 TL Tomatenmark

Salz und schwarzer Pfeffer, frisch gemahlen

**ERGIBT 4 PORTIONEN**

**1** Die Zutaten für die Marinade mischen, die Fischstücke hineingeben und für 30 Minuten beiseitestellen.

**2** Den Fisch abwechselnd mit Zitronenspalten, Tomate und Paprika auf Spieße stecken, gelegentlich ein Lorbeerblatt dazwischen spießen. Sollte noch Marinade übrig sein, diese über die Spieße pinseln.

**3** Eine gusseiserne Grillpfanne erhitzen und die Spieße darauf von jeder Seite 2–3 Minuten braten, bis die Zutaten stark gebräunt sind.

**4** Die Kebabs heiß mit Zitronenspalten servieren.

***Çarliston biber*** *sind hellgrüne türkische Paprika, sie erinnern in ihrer Form an türkische Pantoffeln. Die meisten Sorten sind süßlich und werden in meze und Salaten verwendet, aber einige haben einen Hauch Schärfe und sind für Gerichte wie dieses ideal. Fragen Sie in türkischen Lebensmittelgeschäften danach.*

**Nährwerte je Portion** 225 kcal – 940 kJ – 24 g Protein – 8 g Kohlenhydrate, davon 7 g Zucker – 11 g Fett, davon 2 g gesättigte Fettsäuren – 51 mg Cholesterin – 18 mg Calcium – 2 g Ballaststoffe – 177 mg Natrium

# *Uskumru pilakisi* Makrelen-Pilaki

*Pilaki*-Gerichte folgen immer einer bestimmten Zubereitungsart, ob sie mit Bohnen, Fisch oder Schalentieren zubereitet werden. In Istanbul ist ein Muschel-*Pilaki* beliebt, aber die geläufigste Variante wird mit festfleischigem Fisch zubereitet. Der klassische Bonito wird in diesem Rezept durch Makrele ersetzt, Seebarsch schmeckt ebenso gut.

**ZUTATEN**

2 Makrelen, ausgenommen und gewaschen

120 ml Olivenöl

2 Zwiebeln, gehackt

3–4 Knoblauchzehen, gehackt

1 frische milde grüne Chili, entkernt und gehackt

2–3 Karotten, gewürfelt

2–3 Kartoffeln, gewürfelt

1 Sellerieknolle (ca. 450 g), geschält und gewürfelt

2 große Tomaten, gehäutet und gehackt oder 400 g Tomatenstücke aus der Dose, abgetropft

1 TL Zucker

2–3 Lorbeerblätter

Saft von 2 Zitronen

1 Bund frische glatte Petersilie

Salz und schwarzer Pfeffer, frisch gemahlen

**ERGIBT 4–6 PORTIONEN**

**1** Den Ofen auf 170 °C vorheizen. Den Fisch seitlich auf halber Breite einige Male einschneiden (siehe unten), die Hauptgräte intakt lassen.

**2** Zwiebeln, Knoblauch und Chili in dem Öl weich dünsten. Karotten, Kartoffeln und Sellerie dazugeben und 1–2 Minuten dünsten, dann die Tomaten, den Zucker und die Lorbeerblätter einrühren.

**3** 600 ml Wasser zugießen und aufkochen. Bei mittlerer Hitze 5–10 Minuten zugedeckt köcheln lassen, bis das Gemüse weich, aber nicht matschig ist. Mit Salz und Pfeffer abschmecken.

**4** Die Hälfte des Gemüses in eine feuerfeste Form geben, den Fisch darauflegen und das restliche Gemüse auf den Fisch geben. Mit Zitronensaft beträufeln und einige Petersilienzweige obenauf legen.

**5** Backpapier in Wasser einweichen, ausdrücken und über die Form breiten, dann das Gericht ca. 20 Minuten backen, bis der Fisch gar ist.

**6** Papier und Petersilienzweige entfernen und heiß mit etwas gehackter Petersilie bestreut servieren. Das Gericht schmeckt auch abgekühlt bei Zimmertemperatur.

**Nährwerte je Portion** 270 kcal – 1127 kJ – 17 g Protein – 23 g Kohlenhydrate, davon 11 g Zucker – 13 g Fett, davon 3 g gesättigte Fettsäuren – 40 mg Cholesterin – 76 mg Calcium – 4 g Ballaststoffe – 115 mg Natrium

# *Tuzlanmiş balık*

## Fisch in Salz gebacken

*Tuzlanmiş balık* ist eine Spezialität aus den Istanbuler Restaurants am Bosporus und den Uferrestaurants in Izmir. Ein ganzer Fisch wird in einer Salzkruste gebacken, bis diese steinhart ist. In dieser Kruste tragen die stolzen Kellner den Fisch zum hungrigen Gast und schlagen das Salz und die Haut mit einem Holzhammer ab. Darunter kommt das saftige, weiße Fleisch des Fisches zum Vorschein, das durch die Garmethode unvergleichlich frisch schmeckt. Viel Salz ist nötig, aber sonst kaum etwas. Saucen würden die Frische nur überdecken, daher wird der Fisch am besten nur mit Zitrone und Rucolasalat serviert.

**Geeignete Fischsorten** *sind vor allem der in der Türkei beliebte Blaubarsch, aber Seebarsch ist eine gute Alternative. Auch andere Fische mit festem, weißem Fleisch wie Steinbutt oder Seezunge sind geeignet.*

**ZUTATEN**

**1,2 kg sehr frischen Fisch (z. B. Wolfsbarsch oder Seebarsch), ausgenommen, mit Kopf und Schwanz**

**etwa 1 kg grobes Meersalz**

**schwarzer Pfeffer, frisch gemahlen**

**Zitronenspalten zum Servieren**

**ERGIBT 2–4 PORTIONEN**

**1** Den Ofen auf 190 °C vorheizen. Den Fisch innen und außen gut abspülen. Den Boden einer ausreichend großen feuerfesten Form mit Salz bedecken. Das Salz mit den Händen gut andrücken. Den Fisch auf das Salz geben und ihn mit reichlich Salz vollständig bedecken. Alles gut andrücken. Für etwa 1 Stunde in den Ofen geben, bis die Salzkruste hart und brüchig ist.

**2** Die Form aus dem Ofen nehmen und das Salz mit einem harten Gegenstand aufbrechen und die obere Salzschicht zusammen mit der Fischhaut abtragen. Die Stücke von diesem köstlichen Fisch sofort heiß und nur mit frisch gemahlenem Pfeffer und einem Spritzer Zitrone servieren.

**Nährwert je Portion** 175 kcal – 737 kJ – 34 g Protein – 0 g Kohlenhydrate – 4 g Fett, davon 1 g gesättigte Fettsäuren – 140 mg Cholesterin – 228 mg Calcium – 0 g Ballaststoffe – 1103 mg Natrium

**ZUTATEN**

450 g frischen weißen Fisch (z. B. Schellfisch, Kabeljau oder Wolfsbarsch)

2 Scheiben altbackenes Brot, in Wasser eingeweicht und ausgedrückt

1 rote Zwiebel, fein gehackt

2 EL Korinthen, in Wasser eingeweicht

2 EL Pinienkerne

je 1 kleiner Bund glatte Petersilie, Minze und Dill, fein gehackt

1 Ei

2 TL Tomatenmark

1 EL gemahlener Zimt

3–4 EL Mehl

3–4 EL Sonnenblumenöl

Salz und schwarzer Pfeffer, frisch gemahlen

1 kleiner Bund glatte Petersilie zum Servieren

**ERGIBT 4 PORTIONEN**

# *Balık köftesi* Fischbällchen mit Zimt, Korinthen und Pinienkernen

Ob als *meze* oder mit einem Salat als Hauptgericht, die *balık köftesi* sind immer ein Genuss. Dem delikaten Zimt steht das allgegenwärtige Kräutertrio aus Petersilie, Minze und Dill zur Seite.

**1** Den Fisch in einer Schüssel mit einer Gabel zerkleinern. Brot, Zwiebel, ausgedrückte Korinthen und Pinienkerne dazugeben und mit den Kräutern gut vermischen.

**2** In einer anderen Schüssel das Ei mit dem Tomatenmark und zwei Drittel des Zimts gut verquirlen. Die Mischung über den Fisch geben, alles mit den Händen zu einer glatten Masse verkneten. Kleine Bällchen aus der Masse formen.

**3** Den restlichen Zimt mit dem Mehl vermischen und die Bällchen darin wenden.

**4** Das Öl in einer großen Pfanne erhitzen und die *köfte* in 8–10 Minuten goldbraun braten. Auf Küchenkrepp abtropfen lassen. Heiß auf einem Petersilienbett servieren, dazu Zitronenspalten reichen.

**Nährwert je Portion** 317 kcal – 1324 kJ – 26 g Protein – 18 g Kohlenhydrate, davon 3 g Zucker – 16 g Fett, davon 2 g gesättigte Fettsäuren – 99 mg Cholesterin – 79 mg Calcium – 2 g Ballaststoffe – 169 g Natrium

# *Uskumru dolması*

## Makrele mit Nussfüllung

Hier kommt ein Klassiker der osmanischen Küche. Das Fleisch der Makrele wird durch vorsichtige Massagebewegungen aus der Haut gedrückt, während diese unbeschädigt bleibt. Köstlich gefüllt scheint der ganze Fisch wieder vor uns zu liegen.

**ZUTATEN**

1 große frische Makrele, geschuppt, nicht ausgenommen, mit Kopf und Schwanz

2–3 EL Olivenöl

4–5 Schalotten, fein gehackt

2 EL Pinienkerne

2 EL Mandeln, fein gehackt

3 EL Walnusskerne, fein gehackt

1–2 EL Korinthen, in Wasser eingeweicht

6–8 getrocknete Aprikosen, fein gehackt

1–2 TL Zimtpulver

je 1 TL gemahlenen Piment, *kırmızı biber* und Zucker

1/2 TL Nelke, gemahlen

je 1 kleiner Bund glatte Petersilie und Dill, fein gehackt, zzgl. einige Stängel zum Servieren

Saft von 1 Zitrone

etwas Mehl

Sonnenblumenöl zum Braten

Salz und schwarzer Pfeffer, frisch gemahlen

Zitronenspalten zum Servieren

**ERGIBT 4 PORTIONEN**

**1** Mit einem scharfen Messer die Makrele dicht hinter dem Kopf einschneiden, den Kopf und die Rückengräte aber nicht durchschneiden. Mit den Fingern in die Körperhöhle fassen und den Fisch so ausnehmen. Innen und außen gut abspülen.

**2** Den Fisch auf beiden Seiten mit einem Fleischklopfer, der Rückseite eines Messers oder dem Nudelholz klopfen, damit das Fleisch weich wird und die Rückengräte zerbricht. Dann den Fisch vorsichtig kneten und massieren, bis sich das Fleisch von der Haut löst. Darauf achten, dass die Haut nicht einreißt.

**3** Das Fleisch langsam vom Schwanzende her vorsichtig Richtung Öffnung drücken, dabei wie beim Ausdrücken einer fast leeren Zahnpastatube vorgehen. Sämtliche Gräten aus dem Fleisch entfernen. Den Fisch innen und außen erneut gut abspülen.

**4** Das Öl in einer schweren Pfanne erhitzen, die Schalotten darin weich dünsten. Die Nüsse dazugeben und leicht Farbe annehmen lassen. Die eingeweichten Korinthen gut ausdrücken und mit den Aprikosen zu der Nussmischung in die Pfanne geben. Gewürze, *kırmızı biber*, Zucker und das Fischfleisch unterrühren, für etwa 2–3 Minuten mitdünsten. Petersilie und Dill dazugeben und mit Zitronensaft, Salz und Pfeffer abschmecken.

**5** Die leere Makrelenhülle vorsichtig mit der Mischung füllen. Den Fisch etwas schütteln, damit die Masse bis unten durchrutscht. Alles vorsichtig mit den Fingern nach unten drücken, sodass der Fisch prall gefüllt ist. Zum Schluss in Form bringen, bis er wieder aussieht wie eine frische, ganze Makrele.

**6** Die fertige Makrele im Mehl wälzen und im heißen Sonnenblumenöl anbraten oder mit Öl einpinseln und grillen, bis die Haut braun wird und Blasen wirft.

**7** Den Fisch in dicke Stücke geschnitten auf einer Platte anrichten. Zitronenspalten und Dill anlegen und heiß servieren.

**Nährwert je Portion** 520 kcal – 2154 kJ – 20 g Protein – 14 g Kohlenhydrate, davon 10 g Zucker – 43 g Fett, davon 6 g gesättigte Fettsäuren – 40 mg Cholesterin – 86 mg Calcium – 3 g Ballaststoffe – 53 mg Natrium

# Sarhoş kalamar

## Kalmar mit Oliven und Rotwein

Obwohl viele Muslime keinen Alkohol trinken, gibt es einige erstaunlich gute Weine in der Türkei. Besonders an der Mittelmeerküste und der Ägäis bereiten einige Restaurants Speisen mit Wein zu. Das mag an der Nähe zu Griechenland oder dem Einfluss westlicher Touristen liegen.

**1** Olivenöl in einer Pfanne erhitzen und die Zwiebeln und den Knoblauch goldbraun anbraten.

**2** Kalmarköpfe und -stücke dazugeben und in 2–3 Minuten Farbe annehmen lassen. Oliven, Zimt und Zucker hinzufügen, den Wein angießen und die Lorbeerblätter in den Sud geben.

**3** Alles einmal aufkochen lassen, dann die Hitze reduzieren und die Pfanne mit dem Deckel verschließen. 30–45 Minuten köcheln lassen, bis die Kalmarstücke weich sind und der Sud etwas eingekocht ist.

**4** Mit Salz und Pfeffer würzen, Petersilie und Dill dazugeben und heiß mit Zitronenspalten servieren.

**ZUTATEN**

**2–3 EL Olivenöl**

**2 rote Zwiebeln, halbiert und in feine Ringe geschnitten**

**3–4 Knoblauchzehen, zerdrückt**

**ca. 750 g frischer Kalmar, vorbereitet (s. u.) und in grobe Stücke geschnitten**

**4 EL schwarze Oliven, entsteint**

**1–2 TL Zimtpulver**

**1–2 TL Zucker**

**ca. 300 ml Rotwein**

**2 Lorbeerblätter**

**je 1 kleiner Bund glatte Petersilie und Dill, fein gehackt**

**Salz und schwarzer Pfeffer, frisch gemahlen**

**Zitronenspalten zum Servieren**

**ERGIBT 4 PORTIONEN**

**Frischer Kalmar** *sollte leicht süßlich riechen. Den Kalmar abspülen und den äußeren Hautfilm abziehen, dann den Kopf abtrennen und die Tentakel mit einem scharfen Messer schneiden, falls sie zu lang sind. Die transparente Gräte mit den Fingern aus dem Körper ziehen und eventuell vorhandene Innereien herausziehen. Die leere Körpertasche abspülen und innen und außen trocken tupfen. Den Körper und die Tentakel verwenden, den Rest wegwerfen.*

**Nährwert je Portion** 304 kcal – 1275 kJ – 30 g Protein – 11 g Kohlenhydrate, davon 7 g Zucker – 10 g Fett, davon 2 g gesättigte Fettsäuren – 422 mg Cholesterin – 62 mg Calcium – 2 g Ballaststoffe – 468 mg Natrium

# *Karides güveç*

## Überbackene Garnelen

In den Fischrestaurants in Istanbul und Izmir wird dieses beliebte Garnelengericht gern als *meze* serviert. An der Mittelmeerküste der Südwesttürkei wird das Gericht mit Knoblauch, Chili und Koriandersamen gewürzt. Es wird in einer großen Steingut-Form, genannt *güveç*, oder Portionsschälchen zubereitet.

**ZUTATEN**

**2–3 EL Olivenöl**

**1 Zwiebel, halbiert und in feine Streifen geschnitten**

**1 grüne Paprika, entkernt und in feine Streifen geschnitten**

**2–3 Knoblauchzehen, zerdrückt**

**1–2 TL Koriandersamen**

**1 TL Kreuzkümmelsamen**

**1–2 TL *kırmızı biber* oder 1 frische Chili, entkernt und gehackt**

**1–2 TL Zucker**

**1 Spritzer Weißweinessig**

**800 g Tomatenstücke aus der Dose**

**1 kleiner Bund glatte Petersilie**

**500 g frische Garnelen, geschält und gesäubert**

**etwa 120 g *kaşar peynir* oder Parmesan, gerieben**

**Salz und schwarzer Pfeffer, frisch gemahlen**

**ERGIBT 4 PORTIONEN**

**1** Das Öl in einer schweren Pfanne erhitzen, Zwiebel, Paprika, Knoblauch, Koriander, Kreuzkümmel und *kırmızı biber* einrühren und etwas Farbe annehmen lassen. Zucker, Essig, Tomaten und Petersilie dazugeben und in 25 Minuten zu einer sämigen Sauce einköcheln lassen. Währenddessen den Ofen auf 200 °C vorheizen.

**2** Die Sauce mit Salz und Pfeffer abschmecken, die Garnelen dazugeben und alles gut miteinander vermischen.

**3** Die Mischung in eine ofenfeste Form geben und mit dem Käse bestreuen. Etwa 25 Minuten, oder bis der Käse zerlaufen und leicht gebräunt ist, überbacken.

**Nährwert je Portion** 338 kcal – 1413 kJ – 36 g Protein – 11 g Kohlenhydrate, davon 11 g Zucker – 17 g Fett, davon 7 g gesättigte Fettsäuren – 274 mg Cholesterin – 481 mg Calcium – 3 g Ballaststoffe – 585 mg Natrium

# *Midye dolması* Mit Pilaw und Pinienkernen gefüllte Muscheln

In Istanbul werden gefüllte Muscheln von Straßenverkäufern am Goldenen Horn, in den großen Basaren und auf den Booten über den Bosporus verkauft. In Fischrestaurants werden sie bei Zimmertemperatur als *meze* serviert.

**ZUTATEN**

**16 große frische Muscheln**

**3–4 EL Olivenöl**

**2–3 Schalotten, fein gehackt**

**2 EL Pinienkerne**

**2 EL Korinthen, in warmes Wasser eingeweicht**

**2 TL Zimtpulver**

**1 TL gemahlener Piment**

**1–2 TL Zucker**

**1–2 TL Tomatenmark**

**115 g Rundkornreis oder Milchreis, gewaschen und abgetropft**

**je 1 Bund glatte Petersilie, Minze und Dill, fein gehackt**

**Salz und schwarzer Pfeffer, frisch gemahlen**

**Zitronenspalten und einige Blätter glatte Petersilie zum Servieren**

**ERGIBT 4 PORTIONEN**

**Muscheln säubern** *Sie am besten in einer großen, wassergefüllten Schüssel, indem Sie die Muscheln mit einer festen Bürste abschrubben. Den Bart abziehen und die auf den Schalen wachsenden Seepocken mit einem Messer abschneiden. Muscheln, die bereits offen sind oder sich nicht schließen, wenn Sie sie auf die Arbeitsfläche klopfen, wegwerfen.*

**1** Die Muscheln wie unten beschrieben reinigen. In eine Schüssel mit kaltem Wasser legen, bis sie gebraucht werden.

**2** Das Öl in einer Pfanne erhitzen und die Schalotten darin weich dünsten. Pinienkerne und ausgedrückte Korinthen dazugeben, nach 1–2 Minuten Zimt, Piment, Zucker und Tomatenmark unterrühren. Den Reis in Pfanne geben und alles gut vermischen.

**3** Den Reis knapp mit Wasser bedecken. Mit Salz und Pfeffer würzen und einmal aufkochen. Die Hitze reduzieren und 10–15 Minuten köcheln lassen, bis der Reis die Flüssigkeit absorbiert hat. Den Reis abkühlen lassen und die Kräuter unterrühren.

**4** Mit einem scharfen Messer jede Muschel leicht öffnen, mit etwas Reismischung füllen und wieder verschließen. Dicht nebeneinander in einen Dampfeinsatz oder ein Sieb geben und in einen Topf mit Wasser hängen. Die Muscheln mit einem Teller beschweren (am besten noch einen Stein hineingeben), damit sie sich nicht öffnen.

**5** Den Einsatz mit einem Deckel verschließen und das Wasser im Topf zum Kochen bringen. Die Hitze reduzieren und die Muscheln in 15–20 Minuten garen.

**6** Die Muscheln etwas auskühlen lassen und warm auf einem Petersilienbett mit Zitronenspalten servieren.

**Nährwert je Portion** 319 kcal – 1328 kJ – 13 g Protein – 33 g Kohlenhydrate, davon 8 g Zucker – 15 g Fett, davon 2 g gesättigte Fettsäuren – 33 mg Cholesterin – 49 mg Calcium – 1 g Ballaststoffe – 237 mg Natrium

# FLEISCH UND GEFLÜGEL

# Fleisch und Geflügel

Der verlockende Duft herzhafter Hühnchen- und Lammkebabs, die in den Straßen und Kebabhäusern gegrillt werden, ist ein wichtiger Bestandteil der köstlichen Aromen, die durch die ganze Türkei wehen.

**_Von links nach rechts_**
*Lammkoteletts, gefüllte Weinblätter,* Arnavut ciğeri

Seit die frühen Türken aus Zentralasien ihre Schafherden zu neuen Weidegründen führten, ist Lamm- und Hammelfleisch ein wichtiger Bestandteil der türkischen Küche. Die wertvollsten Schafsorten sind die mit dem Fettbürzel, da sie den Türken neben dem Fleisch auch das beliebteste Kochfett liefern. Rinder wurden wegen der Milch und als Arbeitstiere auf dem Feld gehalten, ihr Fleisch war daher selten Nahrungsmittel. Heute ist es überall erhältlich und wird in Eintöpfen oder als Hackfleisch in Füllungen und *köfte* (Fleischbällchen) verwendet. Wildbret wie Hase, Hirsch oder Bär war früher bei den Jägern und in der osmanischen Küche noch beliebt, taucht aber heute selten auf türkischen Esstischen auf.

Sobald der Islam in Anatolien Fuß gefasst hatte, bestimmte der Koran die Ernährung, legte Fastenzeiten und Festessen an Feiertagen sowie das Verbot von Alkohol und die Zubereitung des Fleisches fest. Ein Tier muss demnach geschlachtet werden, indem man ihm die Kehle aufschneidet und das Tier ausbluten lässt. Das Blut darf nicht verwendet werden, der Verzehr von Schweinefleisch ist verboten.

Der Fastenmonat *Ramazan*, in dem von Sonnenauf- bis Sonnenuntergang gefastet wird, sowie das heilige Fest *Kurban Bayramı*, das die Beinahe-Opferung Isaacs feiert, sind wichtige Ereignisse für gläubige Moslems. An *Kurban Bayramı* werden Schafe durch die Straßen getrieben, die Familien kaufen eines und opfern es. Die Familie wählt Fleischstücke und Innereien, die sie selbst verzehrt, und gibt den Rest den Armen in der Nachbarschaft. Besondere Gerichte zu diesen Anlässen sind *işkembe çorbası*, die traditionelle Kuttelsuppe; *kavurma*, bei dem Fleisch in seinem eigenen Fett gegart wird; *kıkırdak poğaçası*, eine Köstlichkeit aus dem gekochten Fettbürzel, und *bumbar dolması*, ein Gericht aus gebratenem Magen gefüllt mit Leber, Zwiebel, Gewürzen und Korinthen. Ein ähnliches Gericht, das man auf der Straße kaufen kann, nennt sich *kokoreç*.

Außerhalb des Landes selbst sind *döner* und *şiş kebabs* vermutlich die bekanntesten türkischen Fleischgerichte, aber in der Türkei selbst

werden Kebabs oft gegrillt, gebraten, in Steingutformen oder gar in Papier gebacken. Viele werden mit Joghurt oder Tomatensauce auf *pide* serviert, während feurige Kebabs der *güney*-Küche im Süden oft aus scharf gewürztem Hackfleisch bestehen. Weitere beliebte Hackfleischgerichte sind *ali nazık*, Auberginenpüree mit Hackfleisch und Joghurt geschichtet; *karnıyarık*, die berühmte Aubergine der Palastküche mit Hackfleisch gefüllt, und zahllose Arten von *köfte* wie *kadın buduğu* („Frauenschenkel").

Zwei beliebte Zubereitungsarten für Fleisch sind das scharfe Anbraten und das Schmoren beispielsweise von *yahni*, einem Eintopf aus Fleisch und Zwiebeln. Anatolische *güveç*-Gerichte haben ihren Namen von dem Steinguttopf, in dem sie gegart werden. Auch Tonziegel finden als Kochgeschirr Verwendung zur Zubereitung saftiger Fleisch-Gemüse-Gerichte. Das traditionelle Garen in der Grube wird für besondere Anlässe aufgespart. Dazu wird eine Grube gegraben und mit Lehmziegeln ausgekleidet. In der Grube wird ein Feuer entfacht, das bis auf die Glut herunterbrennt, bevor Lamm oder Ziege mit Salz und Gewürzen eingerieben an einem Spieß über die Glut gehängt werden. Die Grube wird mit einem eisernen Deckel abgedeckt und mit Lehm verschlossen. Das Fleisch muss mindestens drei Stunden garen, bevor es, wunderbar zart und saftig, verzehrt werden kann.

In anatolischen Dörfern werden große Fleischstücke im Gemeinschafts-Lehmofen *(tandır)* gebraten, kleinere Stücke auf dem *mangal*, einem kleinen Holzkohlegrill, der auf einem städtischen Balkon ebenso benutzt wird wie am Strand oder im Wald beim Picknick.

Hühnchen ist sicher eins der beliebtesten Geflügel in der Türkei und wird fast genauso häufig genossen wie Lamm. Mittelalterliche Rezepte überliefern gefüllte Enten mit Oliven und Feigen, selbst Wachteln gefüllt mit Auberginen, aber beide Geflügelsorten sind heute eher selten zu finden. Hühnchen hingegen wird auf viele verschiedene Arten zubereitet – am Spieß gegrillt, in Kebabs oder *köfte* verarbeitet, mit Gemüse geschmort oder mit Aprikosen gefüllt und gebraten.

Eine der besten Hühnchengerichte ist zweifellos *çerkez tavuğu*, ein Rezept mit tscherkessischen *(çerkez)* Wurzeln, das in der modernen türkischen Küche seinen Platz gefunden hat. Anatolische Varianten dieses Gerichtes fügen Koriander bei, aber die Istanbuler Version mit *kırmızı biber* in geschmolzener Butter ist besonders delikat.

***Von links nach rechts***
Köfte, *Fleischbällchen mit Pinienkernen und Zimt,* şiş kebab

# *Çöp şiş* Lammspieße

Für diesen traditionellen anatolischen Kebab wurden ursprünglich Reststücke vom Lamm (*çöp* bedeutet Abfall) auf einem Schwert über Holzkohle gegrillt. Die kleinen Fleischstückchen wurden dann mit Zwiebeln, Petersilie und einem Spritzer Zitronensaft in frisch gebackenes Brot gewickelt und sofort heiß verzehrt.

**ZUTATEN**

**2 Zwiebeln**

**1 1/2 TL Salz**

**2 Knoblauchzehen, zerdrückt**

**2 TL Kreuzkümmelsamen, zerstoßen**

**900 g Lammfleisch aus der Schulter ohne Knochen, in mundgerechte Stücke geschnitten**

**FÜR DIE FLADENBROTE**

**225 g Mehl (Type 405 oder 550)**

**50 g Vollkornmehl**

**1 TL Salz**

**ZUM GARNIEREN**

**1 große rote Zwiebel, längs in Streifen geschnitten**

**1 Bund frische glatte Petersilie, grob gehackt**

**2–3 Zitronen, in Spalten**

**ERGIBT 4–6 PORTIONEN**

**1** Die Zwiebeln auf einen Teller reiben, mit Salz bestreuen und ca. 15 Minuten ziehen lassen. Ein Sieb über eine Schüssel hängen, die Zwiebeln hineingeben und mit einem Löffel den Saft auspressen. Die Zwiebelreste wegwerfen, den Knoblauch und den Kreuzkümmel mit dem Zwiebelsaft mischen und die Fleischstücke darin 3–4 Stunden marinieren.

**2** Inzwischen für den Brotteig das Mehl mit dem Salz in eine Schüssel sieben und nach und nach 200 ml lauwarmes Wasser dazugießen. Mit den Fingern zu einem elastischen, glatten Teig verkneten, ggfs. etwas Mehl dazugeben.

**3** Den Teig in 24 kleine Kugeln formen, diese unter einem feuchten Tuch ca. 45 Minuten gehen lassen.

**4** Kurz vor dem Backen jede Teigkugel zu einem dünnen Fladen ausrollen, mit Mehl bestäuben und mit einem feuchten Tuch abdecken, damit der Teig nicht austrocknet.

**5** Die Fleischstückchen auf Kebabspieße stecken und von jeder Seite ca. 2–3 Minuten grillen. Gleichzeitig die Brote in einer flachen Pfanne ohne Öl backen, umdrehen, sobald sie bräunen. Die Brote auf einem Teller aufeinander stapeln.

**6** Jeweils einige Fleischstückchen auf ein Brot legen, Zwiebel, Petersilie und einen Spritzer Zitronensaft darübergeben und in das Brot einrollen. Die Rollen sofort „von der Hand in den Mund" genießen.

**Nährwerte je Portion** 433 kcal – 1821 kJ – 34 g Protein – 37 g Kohlenhydrate, davon 4 g Zucker – 18 g Fett, davon 8 g gesättigte Fettsäuren – 114 mg Cholesterin – 83 mg Calcium – 3 g Ballaststoffe – 460 mg Natrium

# *Arnavut ciğeri*

## Lammleber mit Kreuzkümmel

Diese Zubereitungsart der Leber ist so köstlich, dass sie sogar Menschen überzeugen kann, die sonst keine Leber mögen. Meist wird dieses Gericht als warme oder kalte *meze* mit roten Zwiebeln und Petersilie serviert, ist aber mit Salat und einem Klacks Joghurt auch als leichtes Abendessen geeignet.

**ZUTATEN**

500 g frische Lammleber

2 EL Mehl

1–2 TL *kırmızı biber*

3–4 EL Olivenöl

2 Knoblauchzehen, fein gehackt

1–2 TL Kreuzkümmelsamen

Meersalz

1 große rote Zwiebel, halbiert und in feine Ringe geschnitten

**ZUM SERVIEREN**

1 Handvoll frische glatte Petersilie

1 Zitrone, in Spalten geschnitten

**ERGIBT 4 PORTIONEN**

**1** Die Leber mit einem scharfen Messer von Haut und Sehnen befreien und in mundgerechte Stücke zerteilen.

**2** Mehl und *kırmızı biber* vermischen und die Leber darin wenden.

**3** Das Öl in einer Pfanne erhitzen. Knoblauch und Kreuzkümmelsamen in die Pfanne geben, mit Meersalz würzen und sanft anbraten, bis der Kreuzkümmel sein nussiges Aroma verströmt. Die Leber in die Pfanne geben und unter Rühren 2–3 Minuten anbraten. Die Zwiebel auf einer Platte verteilen und die Leber darauf anrichten. Mit Petersilie garnieren und heiß oder kalt mit einigen Zitronenspalten servieren.

**Nährwert je Portion** 298 kcal – 1245 kJ – 27 g Protein – 12 g Kohlenhydrate, davon 4 g Zucker – 16 g Fett, davon 3 g gesättigte Fettsäuren – 538 mg Cholesterin – 37 mg Calcium – 1 mg Ballaststoffe – 94 mg Natrium

# *Köfte* Fleischbällchen mit Pinienkernen und Zimt

Fleischbällchen gibt es in der türkischen Küche in unterschiedlichsten Variationen, die meisten werden aus Lamm- oder Rindfleisch zubereitet, manche auch aus Hühnchenfleisch. Alle Arten heißen *köfte* und sind klein und rund oder oval geformt.

**ZUTATEN**

**250 g Lammhackfleisch**

**1 Zwiebel, fein gehackt**

**2 Knoblauchzehen, zerdrückt**

**2–3 TL Zimtpulver**

**2 EL Pinienkerne**

**2 EL Korinthen, in warmes Wasser eingeweicht**

**1 TL *kırmızı biber***

**2 Scheiben altbackenes Brot, zerkrümelt**

**1 Ei, verschlagen**

**1 EL Tomatenketchup**

**je 1 Bund glatte Petersilie und Dill**

**4 EL Mehl**

**Sonnenblumenöl zum Braten**

**Salz und schwarzer Pfeffer, frisch gemahlen**

**Zitronenspalten zum Servieren**

**ERGIBT 4–6 PORTIONEN**

**1** Hackfleisch, Zwiebel, Knoblauch und Zimt in einer Schüssel gut miteinander verkneten. Pinienkerne, ausgedrückte Korinthen, *kırmızı biber,* Brotkrumen, Ei und Ketchup dazugeben. Mit Salz und Pfeffer abschmecken.

**2** Petersilie und Dill fein hacken, 1–2 Zweige der Petersilie zum Servieren beiseitelegen. Die Kräuter in die Fleischmasse geben und wieder gut vermischen.

**3** Kleine Bällchen formen, etwas flach drücken und im Mehl wenden.

**4** Wenig Öl in einer Pfanne erhitzen und die *köfte* in 4–8 Minuten von beiden Seiten goldbraun anbraten. Auf Küchenkrepp abtropfen und heiß mit Zitronenspalten und einigen Petersilienblättern servieren.

***Köfte-„Sandwich"*** *könnte man die Variante ohne Korinthen und Pinienkerne aber mit 1 TL gemahlenem Kreuzkümmel und 1 frischen, gehackten Chili nennen. Die Fleischmasse wird zu Bällchen geformt, diese 5–6 Minuten gebraten und dann mit roten Zwiebelstreifen, gehackter Petersilie und Knoblauchjoghurt in ein aufgeschnittenes Fladenbrot gesteckt.*

**Nährwert je Portion** 261 kcal – 1088 kJ – 11 g Protein – 15 g Kohlenhydrate, davon 5 g Zucker – 18 g Fett, davon 4 g gesättigte Fettsäuren – 64 mg Cholesterin – 40 mg Calcium – 1 g Ballaststoffe – 129 mg Natrium

# *Etli yaprak dolması* Weinblätter mit Lamm- und Reisfüllung

Weinblätter umhüllen Fisch oder Käse oder werden mit Reis oder Fleisch gefüllt und in eine längliche Form gerollt. Die bekannteste Art gefüllter Weinblätter hat eine aromatische Reisfüllung und wird kalt serviert. Der türkische Name lautet *yalancı yaprak dolması* und bedeutet „falsche gefüllte Weinblätter", da die Füllung kein Fleisch enthält. Die Version mit Fleisch wird als die „richtige" Variante betrachtet. Mit einem Klacks Joghurt wird sie als warme Hauptspeise serviert.

**ZUTATEN**

**350 g Lammhackfleisch**

**2 Zwiebeln, fein gehackt**

**115 g Langkornreis, gewaschen und gut abgetropft**

**je 1 Bund glatte Petersilie, Dill und Minze**

**3–4 EL Olivenöl**

**25–30 frische oder eingelegte Weinblätter, gut gewaschen**

**Saft von 1 Zitrone**

**Salz und schwarzer Pfeffer, frisch gemahlen**

**ZUM SERVIEREN**

**4–6 EL fester Joghurt *(süzme)***

**ERGIBT 4–6 PORTIONEN**

**1** Zwiebeln, Reis und Kräuter gut mit dem Hackfleisch verkneten. Mit Salz und Pfeffer würzen. 1 EL des Öls dazugeben und erneut verrühren.

**2** Ein Weinblatt auf der Arbeitsfläche ausbreiten und einen Löffel der Mischung daraufgeben. Jeweils die Seiten über die Füllung falten und das Blatt zu einem festen Bündel zusammenrollen. Mit den restlichen Weinblättern ebenso verfahren.

**3** Mit übrig gebliebenen Weinblättern einen großen Topf auslegen und die gefüllten Blätter dicht nebeneinander hineinlegen, damit sie sich beim Kochen nicht öffnen. Sollten die Blätter nicht alle nebeneinander passen, machen Sie eine zweite Lage.

**4** Das restliche Öl mit dem Zitronensaft und 150 ml Wasser vermischen und über die Weinblätter geben. Die Weinblätter sollen knapp mit Flüssigkeit bedeckt sein, evtl. noch etwas von der Mischung anrühren.

**5** Die Weinblätter mit einem Teller beschweren, den Topf auf den Herd geben, zudecken und auf kleiner Flamme 40–45 Minuten köcheln lassen. Heiß mit Joghurt und Zitronenspalten servieren.

**Nährwert je Portion** 276 kcal – 1148 kJ – 15 g Protein – 24 g Kohlenhydrate, davon 7 g Zucker – 14 g Fett, davon 4 g gesättigte Fettsäuren – 45 mg Cholesterin – 88 mg Calcium – 3 g Ballaststoffe – 51 mg Natrium

# *Yoğurtlu şiş kebab* Lammspieße auf Joghurtsauce

Der ultimative Kebab: über Holzkohle gegrilltes Fleisch auf Fladenbrot mit Joghurt und Tomaten. Ursprünglich erfunden, um einen Tag altes Brot zu verwerten, ist es doch ein reichhaltiges und köstliches Gericht, das ganz für sich allein genossen werden sollte.

**ZUTATEN**

12 Pflaumentomaten

2 EL Butter

1 große *Pide*, in mundgerechte Stücke geschnitten

1 TL gemahlenes *sumak*

1 TL getrockneter Oregano

225 g cremiger Joghurt

Salz und schwarzer Pfeffer, frisch gemahlen

1 Bund frische glatte Petersilie, gehackt zum Garnieren

**FÜR DIE KEBABS**

500 g mageres Lammhackfleisch

2 Zwiebeln, fein gehackt

1 frische grüne Chili, entkernt und fein gehackt

4 Knoblauchzehen, zerdrückt

1 TL *kırmızı biber* oder Paprikapulver

1 TL gemahlenes *sumak*

1 Bund frische glatte Petersilie, gehackt

**FÜR DIE SAUCE**

2 EL Olivenöl

1 EL Butter

1 Zwiebel, fein gehackt

2 Knoblauchzehen, fein gehackt

1 frische grüne Chili, entkernt und fein gehackt

1–2 TL Zucker

400 g Tomatenstücke aus der Dose

**ERGIBT 4 PORTIONEN**

**1** Das Lammhackfleisch mit den übrigen Zutaten für die Kebabs zu einer klebrigen Masse verkneten. Ca. 15 Minuten im Kühlschrank ruhen lassen.

**2** Das Olivenöl mit der Butter erhitzen, die Zwiebel, den Knoblauch und die Chili zugeben und goldbraun dünsten. Den Zucker und die Tomaten zugeben und ohne Deckel ca. 30 Minuten köcheln lassen, bis die Sauce eingedickt ist. Mit Salz und Pfeffer abschmecken, beiseitestellen und warm halten.

**3** Den Grill anzünden und die Kohlen durchglühen lassen. Die Kebabs als dünne, längliche Frikadellen auf Spießen formen und 6–8 Minuten grillen, dabei einmal wenden. Die Pflaumentomaten ganz auf 4 Spieße stecken und grillen, bis die Haut schwarz wird.

**4** Die Butter in einer großen Pfanne schmelzen und das Brot darin goldbraun braten. Mit etwas *sumak* und Oregano würzen und auf einer Servierplatte als Bett für die Kebabs anrichten.

**5** Etwas Sauce über das Brot geben – nicht zu viel, sonst wird es matschig – und die Hälfte des Joghurts daraufgeben.

**6** Die fertigen Kebabs vom Spieß abziehen, in mundgerechte Stücke teilen und auf das Bett aus Brot und Sauce legen. Mit Salz, dem Rest *sumak* und Oregano bestreuen und mit der Petersilie garnieren.

**7** Den Rest Sauce und Joghurt auf die Kebabs geben und heiß servieren.

**Nährwerte je Portion** 642 kcal – 2688 kJ – 35 g Protein – 53 g Kohlenhydrate, davon 24 g Zucker – 34 g Fett, davon 15 g gesättigte Fettsäuren – 121 mg Cholesterin – 253 mg Calcium – 6 g Ballaststoffe – 456 mg Natrium

# Pirzola

## Lammkoteletts mit Tomatensauce

Die Lammkoteletts werden auf einer heißen Platte im eigenen Fett oder in etwas Butter schnell gebraten und mit getrocknetem Oregano, Zitronenspalten oder einer pikanten Tomatensauce serviert.

**ZUTATEN**

2 EL Olivenöl

2 TL Butter

12 Lammkoteletts, flach geklopft (bitten Sie Ihren Fleischer darum)

1 Zwiebel, fein gehackt

1 frische grüne Chili, entkernt und fein gehackt

2 Knoblauchzehen, fein gehackt

1 TL Zucker

1–2 TL Weißweinessig

2–3 große Tomaten, gehäutet und gehackt, oder 400 g Tomatenstücke aus der Dose

1 grüne Paprikaschote, entkernt und fein gehackt

1 Prise getrockneter Oregano

Salz und schwarzer Pfeffer, frisch gemahlen

**ERGIBT 4 PORTIONEN**

**1** Das Öl und die Butter in einer großen, schweren Pfanne erhitzen und die Koteletts von beiden Seiten scharf anbraten. Das Fleisch herausnehmen und die Zwiebel, die Chili und den Knoblauch im Fett bräunen.

**2** Den Zucker und den Essig, dann die Tomaten und die Paprika zugeben und bei mittlerer Hitze zugedeckt ca. 30 Minuten köcheln lassen, bis die Mischung dick und sämig ist. Mit Salz und Pfeffer abschmecken.

**3** Die Koteletts zugeben und mit der Sauce bedecken. Ca. 15 Minuten schmoren, bis das Fleisch zart ist.

**4** Die Koteletts auf einer Servierplatte anrichten, die Knochen zeigen nach außen. Mit Oregano bestreuen, die Sauce in die Mitte der Platte geben und heiß servieren.

**Nährwerte je Portion** 683 kcal – 2822 kJ – 23 g Protein – 7 g Kohlenhydrate, davon 7 g Zucker – 62 g Fett, davon 29 g gesättigte Fettsäuren – 122 mg Cholesterin – 24 mg Calcium – 2 g Ballaststoffe – 114 mg Natrium

# *Izgara bıldırcın* Gegrillte Wachtel in Granatapfelmarinade

Dies ist eine einfache, sehr köstliche Art, kleines Geflügel wie Wachteln, Stubenküken oder Birkhühner zuzubereiten. Die scharfe Marinade macht das Fleisch zart und unterstreicht das Eigenaroma. In ländlichen Regionen der Türkei werden die Wachteln in Brot mit Zwiebeln, Petersilie und Joghurt gegessen. Direkt vom Holzkohlegrill, mit warmem Brot und einem knackigen Salat sind sie ein köstliches Mittag- oder Abendessen.

**ZUTATEN**

**4 Wachteln, ausgenommen und entbeint (bitten Sie Ihren Geflügelhändler darum)**

**Saft von 4 Granatäpfeln (siehe Seite 48)**

**Saft von 1 Zitrone**

**2 EL Olivenöl**

**1–2 TL *kırmızı biber* oder 1 TL Chilipulver**

**2–3 EL cremiger Joghurt**

**Salz**

**1 Bund frische glatte Petersilie, grob gehackt**

**Kerne von 1/2 Granatapfel zum Garnieren**

**ERGIBT 4 PORTIONEN**

**1** 8 hölzerne Schaschlikspieße ca. 15 Minuten in Wasser einweichen, abgießen. Je einen Spieß durch die Beine und einen durch die Flügel der Wachteln stechen (siehe Foto oben links).

**2** Die Wachteln in eine große, flache Schüssel legen. Granatapfel- und Zitronensaft mit Öl und *kırmızı biber* oder Chilipulver mischen, über die Wachtel gießen und in die Haut reiben. Mit Folie abdecken und im Kühlschrank 2 3 Stunden marinieren, dabei die Wachteln gelegentlich wenden.

**3** Den Holzkohlegrill anzünden und Kohlen durchglühen lassen. Die Wachteln aus der Marinade nehmen, den Joghurt in den Rest der Marinade rühren und salzen.

**4** Die Wachteln mit etwas Joghurtmischung einpinseln und auf den Grill legen.

**5** Die Wachteln von jeder Seite 4–5 Minuten grillen, dabei mit der Joghurtmischung einpinseln, damit sich eine Kruste bildet.

**6** Ein Bett aus Petersilie auf den Tellern herrichten, je eine Wachtel darauflegen, mit Petersilie und Granatapfelsamen garnieren und heiß servieren.

**Nährwerte je Portion** 288 kcal – 1207 kJ – 37 g Protein – 6 g Kohlenhydrate, davon 6 g Zucker – 13 g Fett, davon 3 g gesättigte Fettsäuren – 0 mg Cholesterin – 84 mg Calcium – 1 g Ballaststoffe – 111 mg Natrium

# *Güveçte piliçli bamya* Hühncheneintopf mit Okra und Zitrone

Zwar ist *güveçte piliçli bamya* ein türkischer Klassiker, aber so oder so ähnlich ist er auch im gesamten Nahen Osten verbreitet. Im Südosten Anatoliens wird dem ansonsten eher milden Aroma eine großzügige Menge *kırmızı biber* beigegeben. Meist wird es nur mit Brot serviert, aber auch ein Pilaw passt gut dazu.

**ZUTATEN**

**2 EL Olivenöl**

**2 EL Butter**

**1 Bio-Huhn, vom sichtbaren Fett befreit und in 4 Teile zerteilt**

**2 Zwiebeln, halbiert und in feine Ringe geschnitten**

**2–3 Knoblauch, grob gehackt**

**1–2 TL *kırmızı biber* oder eine frische Chili, entkernt und fein gehackt**

**2 TL Koriandersamen**

**2 TL getrockneter Oregano**

**1–2 TL Zucker**

**1 EL Tomatenmark**

**400 g Tomatenstücke aus der Dose**

**450 g frische Okra (Vorbereitung siehe unten)**

**Saft von 1 Zitrone**

**Salz und schwarzer Pfeffer, frisch gemahlen**

**fester Joghurt *(süzme)* zum Servieren**

**ERGIBT 4 PORTIONEN**

**Okra** *behalten ihre Farbe, wenn sie vom Stiel befreit und mit 1 EL Salz und 2–3 EL Weißweinessig gemischt 1–2 Stunden mariniert werden. Danach gut abspülen und trocken tupfen. Auch vermeidet man dadurch, dass die Schoten beim Kochen Schleim bilden.*

**1** Das Öl in einer Pfanne oder einem Schmortopf erhitzen. Das Huhn hineingeben und von allen Seiten knusprig bräunen. Aus der Pfanne nehmen und beiseitelegen.

**2** Zwiebeln, Knoblauch, *kırmızı biber* oder die Chili, Koriander, Oregano und Zucker dazugeben und rühren, bis die Zwiebeln leicht Farbe annehmen. Das Tomatenmark und die Tomaten in den Topf geben, 150 ml Wasser angießen und für 2–3 Minuten aufkochen. Dann die Hühnerteile dazugeben und gut mit dem Sud bedecken. Den Topf zudecken und sacht auf dem Herd oder im Ofen (bei 180 °C) in 30 Minuten garen.

**3** Dann die Okraschoten dazugeben, alles mit Zitronensaft beträufeln, den Topf wieder verschließen und weitere 20 Minuten garen lassen.

**4** Das Huhn auf einer Platte anrichten. Die Okras mit der Sauce vermengen, mit Salz und Pfeffer würzen und alles über und neben dem Huhn verteilen. Sofort heiß servieren, in einer Schüssel den Joghurt dazureichen.

**Nährwert je Portion** 386 kcal – 1617 kJ – 47 g Protein – 16 g Kohlenhydrate, davon 13 g Zucker – 15 g Fett, davon 6 g gesättigte Fettsäuren – 139 mg Cholesterin – 224 mg Calcium – 7 g Ballaststoffe – 181 mg Natrium

# *Çerkez tavuğu* Huhn mit Walnüssen und Koriander

Dieses Gericht ist tscherkessischen Ursprungs *(çerkez)*, wurde aber von den osmanischen Palastköchen kopiert und zum Klassiker. Im osmanischen Reiche wurden junge Tscherkessinnen geraubt, um als Konkubinen den Sultan mit ihrer berühmten Schönheit und ihrer hellen Haut zu erfreuen. Das tscherkessische Gericht wird mit frischem Koriander gewürzt, aber die Istanbuler Version ist für ihre helle Farbe berühmt – vielleicht eine Reminiszenz an die hellhäutigen Schönheiten von damals. *Çerkez tavuğu* wird als warme oder kalte *meze*, als leichtes Mittag- oder Abendessen oder auf dem Buffet serviert.

**ZUTATEN**

**1 Bio-Huhn, von sichtbarem Fett entfernt**

**3 Scheiben altbackenes Brot, ohne Kruste**

**150 ml Milch**

**175 g Walnusskerne**

**4–6 Knoblauchzehen**

**Salz und schwarzer Pfeffer, frisch gemahlen**

**FÜR DIE BRÜHE**

**1 Zwiebel, geviertelt**

**1 Karotte, gehackt**

**1 Selleriestange, gehackt**

**4–6 Nelken**

**4 Pimentkörner**

**4–6 Pfefferkörner**

**2 Lorbeerblätter**

**1 TL Koriandersamen**

**1 Bund glatte Petersilie, Stängel etwas zerdrückt und zusammengebunden**

**ZUM GARNIEREN**

**2 EL Butter**

**1 TL *kırmızı biber***

**einige Blätter frischer Koriander**

**ERGIBT 6 PORTIONEN**

**1** Huhn mit allen Zutaten für die Brühe zusammen in einen Topf geben, gerade mit Wasser bedecken und zum Kochen bringen. Die Hitze reduzieren, den Topf zudecken und für 1 Stunde sacht köcheln lassen.

**2** Das gegarte Huhn aus der Brühe nehmen und zum Auskühlen beiseitestellen. Die Brühe wieder erhitzen und bei offenem Topf 15 Minuten reduzieren lassen, mit Salz und Pfeffer würzen. Dann dem Huhn die Haut abziehen, das Fleisch auslösen und in feine Streifen reißen.

**3** Das Brot einige Minuten in etwas Milch einlegen. Die Walnüsse in einem Mörser oder im Mixer mit dem Knoblauch zu einer Paste verarbeiten. Die Paste in eine große Schüssel geben, das Brot und die Hühnerstreifen dazugeben und nach und nach die Brühe unterrühren, bis die Masse eine cremige Konsistenz hat.

**4** Die Masse auf eine Platte geben. Für die Garnierung die Butter schmelzen, *kırmızı biber* einrühren und die Hühnermischung damit beträufeln.

**5** Bei Zimmertemperatur mit einigen Korianderblättern garnieren.

**Nährwert je Portion** 222 kcal – 937 kJ – 34 g Protein – 8 g Kohlenhydrate, davon 2 g Zucker – 6 g Fett, davon 3 g gesättigte Fettsäuren – 105 mg Cholesterin – 53 mg Calcium – 1 g Ballaststoffe – 324 mg Natrium

# *Limon tavuğu* Zitronenhühnchenschenkel in Auberginenhülle

Dieses elegante osmanische Gericht wird auch gern mit Kalbfleisch zubereitet. Das Einpacken des Fleisches in gebackene Auberginenscheiben benötigt zwar etwas Zeit, lohnt aber den Aufwand. Servieren Sie dieses schmackhafte Gericht als Hauptgericht mit Tomaten-Gurken-Salat oder Paprika-Zwiebel-Petersiliensalat und Reispilaw.

**ZUTATEN**

**Saft von 2–3 Zitronen**

**2 Knoblauchzehen, zerdrückt**

**4–6 Pimentkörner, zerstoßen**

**8 Hühnchenoberschenkel, ohne Haut und Knochen**

**3–4 Auberginen**

**Sonnenblumenöl zum Frittieren**

**2 EL geröstete Mandelblättchen**

**1 Zitrone, in Spalten**

**ERGIBT 4 PORTIONEN**

**1** In einer flachen Schüssel den Zitronensaft mit dem Knoblauch und dem Piment mischen und das Hühnchenfleisch zugeben. Das Fleisch sorgfältig mit der Marinade vermengen und im Kühlschrank 2 Stunden marinieren.

**2** Die Auberginen in dünne Längsscheiben schneiden, von denen 16 benötigt werden. Die Scheiben ca. 30 Minuten in kaltes Salzwasser legen.

**3** Den Ofen auf 180 °C vorheizen. Die Auberginen abgießen und ausdrücken. Das Frittieröl erhitzen und die Auberginenscheiben nach und nach 2–3 Minuten goldbraun backen. Auf Küchenpapier abtropfen.

**4** Zwei Auberginenscheiben kreuzweise übereinander legen, einen Hühnchenschenkel daraufgeben und zu einem Päckchen formen. Mit Auberginenscheiben umwickeln.

**5** Das Auberginenpäckchen mit den offenen Seiten nach unten in eine feuerfeste, gefettete Form legen, mit den restlichen sieben Hühnchenschenkeln gleich verfahren.

**6** Den Rest Marinade über die Päckchen gießen und mit den Mandelblättchen bestreuen. Die Form mit Folie abdecken und 35–40 Minuten backen. Heiß mit Zitronenspalten servieren.

**Nährwerte je Portion** 509 kcal – 2114 kJ – 35 g Protein – 3 g Kohlenhydrate, davon 2 g Zucker – 40 g Fett, davon 8 g gesättigte Fettsäuren – 180 mg Cholesterin – 67 mg Calcium – 3 g Ballaststoffe – 108 mg Natrium

# DESSERTS UND KONFITÜREN

Blätterteig-Nuss-Gebäck mit Sirup
*Baklava*

Eiscreme
*Sakızlı dondurma*

Pochierte Aprikosen in Sirup mit Büffelrahm
*Kaymaklı kayısı*

Kürbis in Nelkensirup
*Balkabağı tatlısı*

Gebräunter Reispudding
*Sütlaç*

Frauennabel
*Hanım göbeği*

Frische Feigen mit Honig, Vanille und Zimt gebacken
*Ballı incir*

Festtagshelva mit Pinienkernen
*Helva*

Milchpudding aus Hühnerbrüsten
*Kazandibi*

Rosenblütensorbet
*Gül dondurması*

Konfitüre aus getrockneten Feigen
*Kuru incir reçeli*

Tomaten-Mandel-Konfitüre
*Domates reçeli*

# Desserts und Konfitüren

Köstlich cremiger Pudding, süßes Sirupgebäck mit Pistazien, Mandeln und Walnüssen gefüllt, Rosen- und Kirschsorbet – dies sind nur einige aus der großen Zahl der süßen türkischen Köstlichkeiten.

„Süß essen, süß reden", sagen die Türken, die auf ihr reiches Erbe an Milchpudding und süßem Gebäck stolz sind. Zweifellos sind die meisten Türken Naschkatzen – und die meisten Sorten an Sirupgebäck und Zuckerwerk extrem süß. Meist eher als Snacks zu jeder beliebigen Tageszeit denn als Dessert nach dem Essen genossen, spielen alle Arten von Pudding und Zuckerwerk eine wichtige Rolle in der türkischen Kultur.

Besucher bringen in der Türkei als Gastgeschenk keine Blumen sondern etwas Süßes mit. Das gilt auch für Ereignisse wie Geburten, Verlobungen oder Hochzeiten – süßes Gebäck wie *baklava*, Nuss-*helva* oder Rosenblüten-*lokum* werden von den Gästen mitgebracht oder vom Gastgeber angeboten. Selbst wenn ein Todesfall zu beklagen ist, wird eine süße Speise, meist Grieß-*helva*, zubereitet. Zu religiösen Festen wie *Kandil* und dem Zuckerfest zum Ende des Fastenmonats *Ramazan* gibt es eine unglaubliche, nicht enden wollende Auswahl an süßem Gebäck, *helva* und *lokma* (frittiertes Gebäck in Sirup). Zu solchen Anlässen fährt man bis ans andere Ende der Stadt, wenn es dort die beste *baklava* vom besten *baklavacı* gibt oder den Milchpudding mit dem zartesten Schmelz beim berühmtesten *muhallebici*, dem Spezialist für Milchpudding und Büffelrahm-Röllchen.

Vielleicht ermutigt durch die Koranverse „Süßes zu genießen sei ein Zeichen des Glaubens", scheint es in der Kreativität von Pudding- oder Süßigkeitenherstellung, die eine religiöse oder soziale Verpflichtung darstellt, keine Grenzen zu geben. *Helva* begleitet Ernten und Jahresfeste ebenso wie Geburten und Todesfälle, Umzug, Schulabschluss oder Eintritt in den Militärdienst. *Zerde*, ein geleeartiger Reispudding mit Safran, wird zu Hochzeiten und Beschneidungen zubereitet, während *aşure*, ein traditionsreicher Pudding aus Hülsenfrüchten und Getreide, zwischen dem zehnten und zwanzigsten Tag des Muharram, des ersten Monats im islamischen Kalender, gekocht wird. Die Überlieferung sagt, dass *aşure* auf der Arche Noah entstand, als die Lebensmittel zur Neige gingen. Noah verfügte, dass alle Reste zusammen gekocht und zwischen allen Lebewesen an Bord aufgeteilt werden sollten. Daher wird der herzhafte Pudding auch heute noch in großen Mengen zubereitet und mit Freunden und Nachbarn geteilt.

***Von links nach rechts***
*Pochierter Kürbis in Nelken-Sirup,* sütlaç, kazandibi

Nach islamischem Brauch wird Milch kaum getrunken, sondern stattdessen zu Joghurt, Eiscreme oder Pudding verarbeitet. Der Puddingkoch *muhallebici* spielt seit osmanischer Zeit eine Schlüsselrolle in der türkischen Esskultur. Die fleißigen Puddingköche der Palastküche erfanden und adaptierten eine Vielzahl köstlich-cremiger Gerichte, darunter der ausgefallene Pudding *tavuk göğsü* mit Hühnchenbrust, der mit gebräunter Kruste *kazandibi* genannt wird. Mit Rosenwasser, Vanille oder Mandeln aromatisiert wie in *keşkul*, wird Milchpudding meist mit einem Reisextrakt namens *sübye* angedickt. Alternativ kann mit Wasser angedicktes Reismehl verwendet werden.

Der Zuckerbäcker *baklavacı* wird ebenso verehrt wie der Puddingkoch. Neben der traditionellen *baklava* aus dünnen Teigblättern und gemahlenen Walnüssen gibt es weitere Spezialitäten wie *güllaç*, papierdünne Teigblätter in Milch und Rosenwasser eingeweicht. Das „Nest der Nachtigall", *bülbül yuvası*, trägt den Namen wegen seiner Form und *sütlü nüriye* besteht aus Teiglagen, in Milch und Sirup getränkt und mit Mandelblättchen gefüllt. *Kadaif*, aus gemahlenem Teig und Pistazien, kann auch als „Jungmädchenbrüste" geformt werden *(kiz memesi kadayıf)*. In den berühmten Konditoreien in Istanbul, Bursa und Izmir gibt es auch die traditionellen frittierten und in Sirup getränkten Gebäckspezialitäten wie *hanım göbeği* (Frauennabel) und *vezir parmağı* (die Finger des Wesirs). Beide Kreationen stammen aus der Palastküche.

Saftige, reife Früchte der Saison – Melonen, Pfirsiche, Feigen, Granatäpfel und Trauben – werden meist frisch verzehrt, kommen aber auch als Trockenobst in Pudding zum Einsatz. *Hoşaf* heißt solch ein erfrischendes Kompott aus Aprikosen, Sultaninen, Mandeln und Pinienkernen. Aprikosen und Feigen werden sowohl getrocknet als auch frisch gern mit Rahm oder Nüssen gefüllt und in Sirup getränkt. Frische Sauerkirschen werden mit Zucker gekocht und mit Brotpudding als *vişneli ekmek tatlısı* serviert. Quitten oder Kürbis in Nelkensirup pochiert sind beliebte Desserts.

Unreifes Obst wird zu Konfitüre verarbeitet und sogar unreifes Gemüse endet oft in einer so typisch türkischen Köstlichkeit. Die Palette reicht dabei von delikaten Rosenblüten, grünen Feigen und geraspelter Quitte zu üppigen Pfirsichen, Aprikosen, Wassermelonen oder ganzen Baby-Auberginen. Konfitüre wird mit frischem, warmem Brot und weißem Käse zum Frühstück verzehrt, über frischgebackene Kuchen gegeben oder in Joghurt und als Snack genossen. Von erlesenem Geschmack und überirdischer Farbenpracht sind diese türkischen Spezialitäten einzigartig – und nicht von dieser Welt.

***Von links nach rechts***
*Frauennabel, frische Feigen, pochierte Aprikosen*

# *Baklava* Blätterteig-Nuss-Gebäck mit Sirup

Als osmanisches Vermächtnis ist dieses Gebäck eine der großartigsten Kreationen der Palastköche. Das Geheimnis liegt im hauchdünnen Teig, der aus geklärter Butter und feinstem Mehl hergestellt und ursprünglich in 8 Lagen mit 7 Lagen Nüssen verarbeitet wurde. Traditionell ist die *baklava* ein Snack am späten Vormittag mit starkem, türkischem Kaffee oder am Nachmittag mit einem Glas Tee.

**ZUTATEN**

**175 g Ghee oder einfache Butter**

**100 ml Sonnenblumenöl**

**450 g *yufka***

**450 g Walnüsse oder eine Mischung aus Walnüssen, Pistazien und Mandeln, fein gehackt**

**1 TL gemahlener Zimt**

**FÜR DEN SIRUP**

**450 g Zucker**

**Saft von 1 Zitrone oder 2 EL Rosenwasser**

**ERGIBT 12 PORTIONEN**

**1** Den Ofen auf 160 °C vorheizen. Die Butter und das Öl in einer kleinen Pfanne schmelzen. Den Boden und die Seiten einer rechteckigen oder runden Kuchenform (30 cm Durchmesser) einpinseln. Den Boden mit *yufka* auslegen und den Teig mit dem Fett einpinseln. Fortfahren, bis die Hälfte des Teigs aufgebraucht ist, dabei jede Lage einpinseln. Die Teigblätter bis an den Rand legen, Überstände abschneiden.

**2** Die Walnüsse auf dem Teig verteilen, mit Zimt bestäuben und dann die restlichen Teigblätter weiter lagenweise aufschichten, jeweils einpinseln. Die oberste Teiglage mit dem restlichen Butter-Öl-Gemisch bestreichen. Mit einem scharfen Messer alle Lagen rautenförmig durchschneiden.

**3** Die *Baklava* in den Ofen schieben und 1 Stunde goldbraun backen.

**4** Inzwischen den Zucker in einer schweren Pfanne mit 250 ml Wasser unter ständigem Rühren aufkochen.

**5** Sobald der Zucker aufgelöst ist, die Hitze reduzieren, den Zitronensaft zugeben und ca. 15 Minuten bei mittlerer Hitze köcheln lassen, bis der Sirup dick wird. Abkühlen lassen.

**6** Die fertige, noch heiße *Baklava* mit dem Sirup übergießen. Für 2–3 Minuten in den Ofen stellen, damit das Gebäck den Sirup aufsaugen kann, dann herausnehmen und abkühlen lassen.

**7** Die abgekühlten *Baklava*-Rauten aus der Form heben und auf einer Servierplatte anrichten.

**Die besten Konditoreien** *sind jene in geschäftigen, zentral gelegenen Straßen mit viel Kundschaft. Sie führen neben* baklava *meist* sütlü nüriye, *ein Blätterteiggebäck mit Mandelblättchen gefüllt und milchigem Sirup getränkt. Daneben gibt es rautenförmige, saftige* şöbiyet *mit gehackten Pistazien sowie knusprige* bülbül yuvası, *eine knittrige Spirale mit Nüssen, deren Form an das Nachtigallen-Nest erinnert, das für den Namen Pate stand.*

**Nährwerte je Portion** 973 kcal – 4059 kJ – 12 g Protein – 90 g Kohlenhydrate, davon 61 g Zucker – 65 g Fett, davon 16 g gesättigte Fettsäuren – 47 mg Cholesterin – 139 mg Calcium – 3 g Ballaststoffe – 141 mg Natrium

# *Sakızlı dondurma* Eiscreme

Es gibt Eiscreme, *dondurma*, in vielen verschiedenen Geschmacksrichtungen in der Türkei, aber die eine, die sie alle in den Schatten stellt, ist das klassische *Mastix*-Eis. In den Straßen Istanbuls wird das Eis aus großen Kesseln mit einem hölzernen Spachtel serviert. Das Harz mit Pinienaroma ist für die zähe, toffeeähnliche Konsistenz der Eiscreme verantwortlich, während die seidige, gemahlene Orchideenwurzel, *salep*, die perlweiße Farbe hervorbringt und die Creme andickt.

**ZUTATEN**

**900 ml Milch**

**300 ml Crème double**

**225 g Zucker**

**3 EL *salep***

**1–2 Stücke *mastika* (siehe unten), mit ein wenig Zucker zerdrückt**

**ERGIBT 4 PORTIONEN**

**1** Milch, Crème double und Zucker in einem Topf erhitzen und unter ständigem Rühren zum Kochen bringen. Hat sich der Zucker gelöst, die Hitze reduzieren und 10 Minuten sacht köcheln lassen.

**2** *Salep* in einer Schüssel mit ein wenig der kalten Milch verrühren. Einige Löffel der warmen Milchmischung dazugeben, erneut verrühren. Schließlich die *salep*-Mischung in die Milchmischung im Topf einrühren, bis eine glatte Masse entsteht.

**3** *Mastika* unterrühren und weitere 10–15 Minuten köcheln lassen.

**4** Die Mischung in eine Schüssel geben, mit einem trockenen Geschirrtuch abdecken und auskühlen lassen. Dann mit einer Folie bedecken, ins Tiefkühlfach stellen und fest werden lassen. Zwischendurch immer wieder kräftig durchmixen, um die Eiskristalle aufzubrechen. Alternativ in der Eismaschine herstellen.

**5** 10–15 Minuten vor dem Servieren in den Kühlschrank stellen.

**Mastix** *ist das aromatische Harz des* Pistacia-lentiscus-*Baumes, der im Mittelmeerraum wild wächst. Auf den Märkten wird das Harz in kristalliner Form verkauft, oft mit einigen eingeschlossenen Ameisen, die sich im klebrigen Harz verfangen haben.* Mastix *bereichert Speisen und Getränke mit seinem stark harzigen Aroma und verleiht Speisen eine zähe Konsistenz. Die Kristalle werden mit etwas Zucker im Mörser pulverisiert und in der Türkei für die berühmte Schnee-Eiscreme sowie den osmanischen Milchpudding* muhallebi *verwendet. Auch einige Brotteige und* rakı *profitieren von dem Harz.*

**Nährwert je Portion** 742 kcal – 3093 kJ – 9 g Protein – 70 g Kohlenhydrate, davon 70 g Zucker – 50 g Fett, davon 31 g gesättigte Fettsäuren – 134 mg Cholesterin – 332 mg Calcium – 0 g Ballaststoffe – 117 mg Natrium

# *Kaymaklı kayısı* Pochierte Aprikosen in Sirup mit Büffelrahm

Dieses Vermächtnis der osmanischen Küche ist einfach und raffiniert zugleich. Zarte Aprikosen werden in leichtem Orangenblütensirup pochiert und mit dem türkischen Büffelrahm *kaymak* gefüllt. Sie werden kalt als Snack oder Dessert serviert und sind köstlich süß und erfrischend.

**ZUTATEN**

**250 g getrocknete Aprikosen, mind. 6 Stunden, am besten über Nacht, in Wasser eingeweicht**

**200 g Zucker**

**Saft von 1 Zitrone**

**2 EL Orangenblütenwasser**

**225 g *kaymak* (siehe rechts)**

**ERGIBT 4 PORTIONEN**

***Kaymak** wird aus Büffelmilch hergestellt und ist extrem gehaltvoll, etwa wie Doppelrahm. Dieser kann auch, ebenso wie Crème fraîche, als Alternative dienen, wenn* kaymak *nicht erhältlich ist.*

**1** Die eingeweichten Aprikosen abgießen und 250 ml des Wassers auffangen. Sollte es nicht ganz reichen, mit frischem Wasser auffüllen. Die abgemessene Menge Flüssigkeit in einem Topf erhitzen, den Zucker dazugeben und unter Rühren zum Kochen bringen.

**2** Ist der Zucker gelöst, den Sirup für 2–3 Minuten köcheln lassen. Die Hitze reduzieren, den Zitronensaft und das Orangenblütenwasser einrühren. Die Aprikosen in den Sirup geben und 15–20 Minuten köcheln lassen. Die Aprikosen im Sud erkalten lassen.

**3** Die Aprikosen einzeln aus dem Sirup nehmen, mit den Fingern oder mit einem Messer öffnen und etwas *kaymak* hineingeben. Die gefüllten Aprikosen auf eine flache Schale geben.

**4** Den Sirup so über den Aprikosen verteilen, dass die Frucht bedeckt ist, aber die cremige Füllung nicht. In den Kühlschrank oder ins Tiefkühlfach stellen und eiskalt servieren.

**Nährwert je Portion** 333 kcal – 1416 kJ – 5 g Protein – 78 g Kohlenhydrate, davon 78 g Zucker – 3 g Fett, davon 1 g gesättigte Fettsäuren – 8 mg Cholesterin – 139 mg Calcium – 4 g Ballaststoffe – 36 mg Natrium

# Balkabağı tatlısı

## Kürbis in Nelkensirup

Im Winter sind die Märkte und Straßen voller Kürbisstände, die das Fruchtfleisch schon fertig vorbereitet für dieses beliebte Gericht verkaufen. Servieren Sie die Kürbisstückchen gut gekühlt mit Crème fraîche oder Doppelrahm.

**ZUTATEN**

**450 g Zucker**

**Saft von 1 Zitrone**

**6 Nelken**

**1 kg Kürbisfleisch, entkernt, geschält und in mundgerechte Stücke geschnitten**

**ERGIBT 4–6 PORTIONEN**

**1** Den Zucker in einen großen Topf geben, 250 ml Wasser dazugießen und unter Rühren zum Kochen bringen. Ist der Zucker vollständig gelöst, etwa 2–3 Minuten sacht köcheln lassen.

**2** Die Hitze reduzieren, den Zitronensaft, die Nelken und den Kürbis einrühren und die Flüssigkeit wieder zum Kochen bringen. Den Kürbis 1 1/2–2 Stunden garen lassen, je nach Größe der Stücke. Dabei gelegentlich rühren und den Kürbis mit dem Sirup überziehen.

**3** Den Kürbis im Sirup auskühlen lassen, die Stücke herausnehmen und auf einer Platte anrichten.

**4** Soviel Sirup wie Sie mögen über die Kürbisstücke löffeln und abgekühlt oder bei Zimmertemperatur servieren.

**Nährwert je Portion** 317 kcal – 1353 kJ – 2 g Protein – 82 g Kohlenhydrate, davon 81 g Zucker – 0 g Fett – 0 mg Cholesterin – 88 mg Calcium – 2 g Ballaststoffe – 5 mg Natrium

# *Sütlaç* Gebräunter Reispudding

Aus der osmanischen Palastküche direkt auf Ihren Tisch kommt hier der beste jemals gebackene Reispudding. Cremig und mit köstlichem Vanillearoma isst er sich wie von selbst. Manche Puddingköche rösten die Oberfläche, bis sie schwarz wird, andere bevorzugen den milderen, hellen Pudding mit Rosenwasser verfeinert oder mit Zimt bestreut.

**ZUTATEN**

**100 g Rundkorn- oder Milchreis**

**2 l Milch**

**90 g Zucker**

**2 EL Reismehl**

**1–2 TL Vanilleextrakt oder das Mark einer Vanilleschote**

**ERGIBT 4–6 PORTIONEN**

**1** Reis in einen tiefen schweren Topf geben und mit Wasser gerade bedecken. Aufkochen, die Hitze reduzieren und 5–6 Minuten köcheln lassen, bis das Wasser absorbiert ist.

**2** Mit der Milch erneut zum Kochen bringen. Dann auf kleiner Flamme ziehen lassen, bis die Mischung sämig wird.

**3** Zucker dazugeben und rühren, bis er sich vollständig gelöst hat. Vanille hineinrühren und weitere 15–20 Minuten köcheln lassen. Währenddessen den Ofen auf 200 °C vorheizen.

**4** Reismehl in einer Schüssel mit etwas Wasser verrühren. Einige Löffel heiße Milchreismischung dazugeben und gut verrühren. Unter Rühren in den Topf geben.

**5** Ist die Mischung dickflüssig (sie sollte nicht fest sein), in eine ofenfeste Form geben und 25 Minuten backen, bis der Pudding leicht gebräunt ist.

**6** Den Pudding aus dem Ofen nehmen und abkühlen lassen, bis die obere Schicht fest geworden ist. Dann im Kühlschrank abkühlen lassen, am besten über Nacht.

***Zerde*** *ist ein weiterer beliebter Reispudding. Im Vergleich zu dem cremigen* sütlaç *ist er etwas fester in der Konsistenz. Der mit Safran gefärbte und mit Rosenwasser aromatisierte* zerde *ist ein traditionelles Dessert an Hochzeiten.*

**Nährwert je Portion** 364 kcal – 1520 kJ – 13 g Protein – 50 g Kohlenhydrate, davon 32 g Zucker – 13 g Fett, davon 8 g gesättigte Fettsäuren – 47 mg Cholesterin – 407 mg Calcium – 0 g Ballaststoffe – 145 mg Natrium

# *Hanım göbeği* Frauennabel

Dieses klassische, frittierte Gebäck kommt aus der *Topkapı*-Palastküche. Garnieren Sie es mit gehackten Pistazien und servieren Sie es mit *kaymak* oder Doppelrahm.

**ZUTATEN**

**50 g Butter**

**1/2 TL Salz**

**175 g Mehl**

**60 g Grieß**

**2 Eier**

**Sonnenblumenöl zum Frittieren**

**FÜR DEN SIRUP**

**450 g Zucker**

**Saft von 1 Zitrone**

**ERGIBT 4–6 PORTIONEN**

**1** Für den Sirup den Zucker mit 300 ml Wasser unter ständigem Rühren aufkochen. Wenn der Zucker gelöst ist, die Hitze reduzieren, den Zitronensaft zugeben und 10 Minuten köcheln lassen, bis der Sirup etwas eingedickt ist. Abkühlen lassen.

**2** Die Butter, das Salz und 250 ml Wasser in einem anderen Topf aufkochen, vom Herd nehmen und das Mehl sowie den Grieß unter kräftigem Rühren dazugeben, bis der Teig geschmeidig wird und sich von den Topfrändern löst.

**3** Die Eier unter den abgekühlten Teig rühren, bis er glänzt. 1 EL abgekühlten Sirup zugeben und gut verkneten.

**4** Das Frittieröl in einem hohen Topf leicht erwärmen. Mit nassen Händen ca. 12 aprikosengroße Stücke Teig nehmen, zu Kugeln formen und mit dem Finger eindrücken, sodass eine Kuhle wie ein Bauchnabel entsteht.

**5** Die Teigstücke in das warme Öl geben, das Öl jetzt weiter erhitzen. Die Teigstücke gehen auf, behalten dabei aber die Kuhle in der Mitte. Die Teigstücke von allen Seiten goldbraun frittieren, dann mit einem Schaumlöffel aus dem Öl heben und in den Sirup geben. Den Sirup einige Minuten einziehen lassen. Die Gebäckstückchen auf einer Servierschale anrichten und mit etwas Sirup übergießen.

**Nährwerte je Portion** 517 kcal – 2190 kJ – 6 g Protein – 109 g Kohlenhydrate, davon 79 g Zucker – 9 g Fett, davon 5 g gesättigte Fettsäuren – 81 mg Cholesterin – 93 mg Calcium – 1 g Ballaststoffe – 80 mg Natrium

# *Ballı incir* Frische Feigen mit Honig, Vanille und Zimt gebacken

Früchte mit Honig zu backen ist eine alte Tradition, vermutlich erfunden zu Zeiten, in denen die Ernte zu reichhaltig war, um alles frisch zu genießen. Dieses Gericht wird in ländlichen Haushalten mit Feigen oder Aprikosen als süßer Snack serviert. Mit Brot werden die Reste des Honigs und der Joghurt aufgenommen. Oft aromatisieren Gewürze und Kräuter wie Anis, Zimt, Rosmarin und Lavendel das Obst. Wenn Sie reife Feigen mit rosigem Inneren und einen aromatischen Honig wählen, kann nichts mehr schiefgehen.

**ZUTATEN**

**12 reife Feigen**

**2 EL Vanillezucker**

**3–4 Zimtstangen**

**3–4 EL klarer Honig**

**225 g cremiger Joghurt, alternativ Doppelrahm oder *kaymak* (siehe Seite 146)**

**ERGIBT 3–4 PORTIONEN**

**1** Den Ofen auf 200 °C vorheizen. Die Feigen waschen und trocken tupfen. Mit einem scharfen Messer jede Feige von oben kreuzweise einschneiden, aber nicht durchschneiden. Die Viertel wie Blütenblätter auseinanderdrücken, dann die Feigen aufrecht in eine feuerfeste Form setzen.

**2** Vanillezucker über jede Feige streuen, jeweils ein Stück Zimtstange in die Feige drücken und mit Honig beträufeln. 15–20 Minuten backen, bis der Honig leicht karamellisiert, die Feigen aber noch nicht trocken sind.

**3** Die Zimtstangen entfernen. Den Joghurt entweder extra servieren oder direkt über die Feigen geben.

**Vanillezucker** *können Sie leicht selbst herstellen. Eine Vanilleschote längs aufschneiden, das Mark herauskratzen und mit 2 EL Zucker mischen.*

**Nährwert je Portion** 198 kcal – 845 kJ – 2 g Protein – 48 g Kohlenhydrate, davon 48 g Zucker – 1 g Fett, davon 0 g gesättigte Fettsäuren – 0 mg Cholesterin – 155 mg Calcium – 5 g Ballaststoffe – 39 mg Natrium

# *Helva*

## Festtagshelva mit Pinienkernen

*Helva* bedeutet glückliches Schicksal und wird zu Anlässen wie Umzug oder einem neuen Arbeitsplatz zubereitet. Aber auch anlässlich eines Todesfalles laden die Hinterbliebenen Freunde zu *helva* ein.

**ZUTATEN**

**225 g Butter**

**450 g Hartweizengrieß**

**3 EL Pinienkerne**

**900 ml Milch**

**225 g Zucker**

**1–2 TL gemahlener Zimt**

**ERGIBT 6–8 PORTIONEN**

**1** Die Butter in einem Topf schmelzen, Grieß und Pinienkerne unter Rühren leicht darin bräunen.

**2** Die Hitze reduzieren und die Milch dazugießen. Gut verrühren, Topf mit einem trockenen Geschirrtuch zudecken und mit einem Deckel gut verschließen, die Tuchzipfel über dem Deckel zusammenschlagen. Alles für 10–12 Minuten garen lassen, bis die Milch absorbiert ist.

**3** Den Zucker einrühren und unter Rühren auflösen. Den Topf vom Herd nehmen, wieder mit dem Tuch und dem Deckel gut verschließen und 1 Stunde ruhen lassen.

**4** Zum Servieren die *helva* auflockern und mit Zimt bestäuben.

**Nährwert je Portion** 568 kcal – 2388 kJ – 10 g Protein – 78 g Kohlenhydrate, davon 35 g Zucker – 26 g Fett, davon 16 g gesättigte Fettsäuren – 67 mg Cholesterin – 165 mg Calcium – 1 g Ballaststoffe – 227 mg Natrium

# *Kazandibi* Milchpudding aus Hühnerbrüsten

Einen Pudding gibt es, den Sie probieren müssen, darauf werden die Türken bestehen. Er ist ein Klassiker der osmanischen Küche, dessen Ursprung gar in den üppigen Festmählern der Römer liegen mag, deren östliches Reich sich bis Anatolien erstreckte. Die *Topkapı*-Köche machten daraus *tavuk göğsü*, einen cremigen Milchpudding mit Hühnchenbrustfilet. Daraus wiederum entwickelte sich *kazandibi*, derselbe Pudding, der mit stark gebräunter Kruste gebacken und aufgerollt wird.

**ZUTATEN**

1 Hühnerbrust, ohne Haut und Knochen

5 EL Reismehl

900 ml Milch

300 ml Crème double

1 Prise Salz

175 g Zucker

Zimtpulver zum Bestäuben

**ERGIBT 6 PORTIONEN**

**1** Die Hühnerbrust in einen Topf geben, mit Wasser bedecken, zum Kochen bringen und bei kleiner Hitze 6–7 Minuten garen lassen. Das Hühnchen trocken tupfen und das Fleisch in feine Streifen zupfen.

**2** Das Reismehl mit etwas Milch in einer Schüssel verrühren, sodass eine Paste mit sehr cremiger Konsistenz entsteht. Die restliche Milch und die Crème double in einen Topf geben, Salz und Zucker dazu geben und unter ständigem Rühren erhitzen, bis der Zucker sich gelöst hat.

**3** Einige Löffel dieser Mischung zum aufgelösten Reismehl geben und diese Mischung dann zurück in den Topf gießen. Bei niedriger Hitze sacht köcheln lassen, dabei ständig rühren, damit nichts am Boden haften bleibt. Wenn die Mischung eindickt, das Hühnchen dazugeben und weiterrühren bis alles sehr dick ist.

**4** Eine schwere Pfanne leicht einfetten und erhitzen. Ist die Pfanne heiß, den Pudding hineingeben und in etwa 5 Minuten bräunen.

**5** Den Pudding in Stücke schneiden, aus der Pfanne nehmen, auf eine Platte geben und jedes Stück aufrollen. Mit Zimt bestäubt servieren.

**Nährwert je Portion** 504 kcal – 2107 kJ – 13 g Protein – 48 g Kohlenhydrate, davon 38 g Zucker – 30 g Fett, davon 18 g gesättigte Fettsäuren – 95 mg Cholesterin – 224 mg Calcium – 0 g Ballaststoffe – 93 mg Natrium

# *Gül dondurması* Rosenblütensorbet

Schon die alten Ägypter, Römer, Perser und die seefahrenden Araber nutzten Rosenblüten als Raumduft und in der Küche, als Rosenwasser und im Wein. Die Palastköche waren von dem Aroma so bezaubert, dass sie Rosenwasser in ihren Sirup und in Milchpudding gaben und Konfitüren oder Sorbets daraus herstellten. Dieses Sorbet sieht besonders hübsch in eisgekühlten Gläsern oder Schüsseln aus, mit frischen oder kristallisierten Blütenblättern garniert. Dafür pinseln Sie verquirltes Eiweiß auf die Blätter, tauchen sie in Zucker und lassen sie trocknen.

**ZUTATEN**

**Blütenblätter von 2 stark duftenden roten oder rosafarbenen Rosen, ungespritzt**

**225 g feinster Zucker**

**Saft von 1 Zitrone**

**1 EL Rosenwasser**

**ERGIBT 3–4 PORTIONEN**

**1** Die Blütenblätter waschen und die weiße Basis abschneiden, mit 600 ml Wasser aufkochen. Den Herd ausschalten und zugedeckt 10 Minuten ziehen lassen.

**2** Die Blüten aus dem Wasser heben und beiseitestellen. Das Wasser mit dem Zucker aufkochen und umrühren, bis der Zucker vollständig gelöst ist.

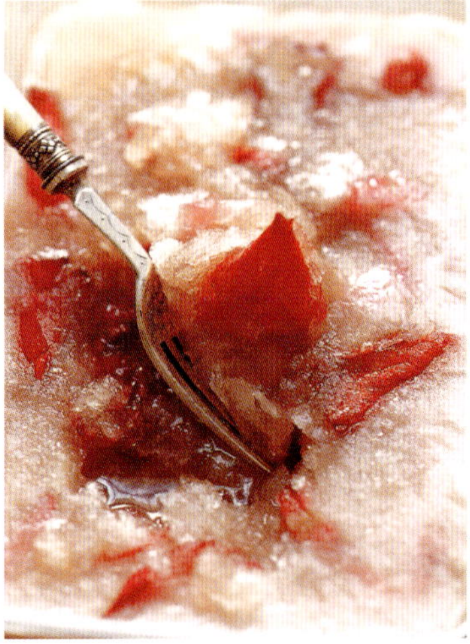

**3** 1–2 Minuten kochen, dann bei mittlerer Hitze 5–10 Minuten köcheln lassen, bis der Sirup etwas eindickt.

**4** Den Zitronensaft, das Rosenwasser und die Blätter einrühren, den Herd ausschalten und die Mischung abkühlen lassen.

**5** Den Sirup in eine Gefrierschüssel geben und ca. 1 Stunde tiefgefrieren, bis sich Kristalle bilden. Das Sorbet (am besten im Mixer) kräftig schlagen, damit die Kristalle sich auflösen. Alle 2–3 Stunden wiederholen.

**6** Das Sorbet 5–10 Minuten vor dem Servieren aus dem Gefrierfach nehmen, damit es sich portionieren lässt.

**Rosenwasser** *steht in türkischen Haushalten hoch im Kurs. Es wird vor oder nach dem Essen zur Erfrischung auf Gesicht und Hände gegeben und aromatisiert viele Gerichte – Milchpudding, Getränke, Sirup, Obstsalat und Türkischen Honig. Es ist in Spezialitätengeschäften, Reformhäusern oder Supermärkten erhältlich.*

**Nährwerte je Portion** 222 kcal – 946 kJ – 0 g Protein – 59 g Kohlenhydrate, davon 59 g Zucker – 0 g Fett – 0 mg Cholesterin – 30 mg Calcium – 0 g Ballaststoffe – 4 mg Natrium

# *Kuru incir reçeli*

## Konfitüre aus getrockneten Feigen

Eine der klassischen, im Handel erhältlichen Konfitüren wird aus geschälten, unreifen, ganzen Feigen gemacht, die wie wertvolle Jadekugeln in einem transparenten Sirup schweben. Auf frischem Brot erinnert der Geschmack der Feige dabei mehr an eine Honigwabe. In Spezialitätengeschäften ist diese Konfitüre auch bei uns erhältlich. Weniger bekannt, aber genauso köstlich ist die hausgemachte Winterkonfitüre aus getrockneten Feigen und Pinienkernen, besonders auf noch heißem, frischem Brot direkt aus dem Ofen. Nehmen Sie glänzende, elastische Feigen, die auch ganz für sich appetitlich sind.

**ZUTATEN**

**450 g Zucker**

**Saft von 1 Zitrone**

**1 TL Anissamen, gemahlen**

**700 g getrocknete Feigen, grob gehackt**

**3–4 EL Pinienkerne**

**REICHT FÜR 3–4 KONFITÜREGLÄSER (ZU JE 450 G)**

**1** Den Zucker mit 600 ml Wasser unter ständigem Rühren aufkochen, bis der Zucker sich ganz aufgelöst hat. Die Hitze reduzieren und 5–10 Minuten köcheln lassen, bis der Sirup leicht eindickt.

**2** Zitronensaft, Anis und Feigen einrühren, nochmals aufkochen und dann 15–20 Minuten köcheln lassen, bis die Feigen zart sind.

**3** Die Pinienkerne zugeben und 5 Minuten köcheln lassen. Die Konfitüre abkühlen lassen, dann in sterilisierte Schraubdeckelgläser füllen. An einem kühlen, dunklen Ort hält sich die Konfitüre einige Monate.

**Nährwerte je Glas** 869 kcal – 3693 kJ – 8 g Protein – 198 g Kohlenhydrate, davon 198 g Zucker – 11 g Fett, davon 1 g gesättigte Fettsäuren – 0 mg Cholesterin – 492 mg Calcium – 13 g Ballaststoffe – 115 mg Natrium

# Domates reçeli

## Tomaten-Mandel-Konfitüre

Diese Konfitüre werden Sie nur in der hausgemachten Form kennenlernen, denn sie ist kein Handelsprodukt wie die berühmten Sorten mit Rosenblüten, grünen Feigen, Sauerkirschen oder Quitten. Aus leicht unreifen oder festen Pflaumentomaten hergestellt, ist diese Sommerkonfitüre von sirupartiger Konsistenz und wird mit dem Löffel aufs Brot gegeben.

**ZUTATEN**

**1 kg feste Pflaumentomaten**

**500 g Zucker**

**115 g ganze Mandeln, geschält**

**8–10 ganze Nelken**

**REICHT FÜR 2–3 KONFITÜREGLÄSER (ZU JE 450 G)**

**1** Die Tomaten kreuzweise einritzen, einige Sekunden in kochendes Wasser tauchen, dann in kaltes Wasser und häuten.

**2** Die gehäuteten Tomaten in einen Topf geben, mit dem Zucker bedecken und einige Stunden oder über Nacht ziehen lassen. 150 ml Wasser, falls nötig bis zu 300 ml, zugeben.

**3** Bei mittlerer Hitze unter ständigem Rühren den Zucker komplett auflösen. Den Sirup aufkochen und einige Minuten köcheln lassen, dabei Schaum abschöpfen. Die Hitze reduzieren, die Mandeln und Nelken zugeben und weitere 25 Minuten köcheln lassen. Gelegentlich umrühren.

**4** Beiseitestellen und abkühlen lassen, dann in sterilisierte Schraubdeckelgläser füllen.

**5** An einem kühlen, dunklen Ort hält sich die Konfitüre einige Monate – falls Sie sie nicht vorher aufessen!

**Nährwerte je Glas** 948 kcal – 4016 kJ – 11 g Protein – 187 g Kohlenhydrate, davon 187 g Zucker – 22 g Fett, davon 2 g gesättigte Fettsäuren – 0 mg Cholesterin – 204 mg Calcium – 6 g Ballaststoffe – 45 mg Natrium

# Register